SAS・特殊部隊式

図解 実戦 武器格闘術 マニュアル

SAS AND ELITE FORCES GUIDE
ARMED COMBAT
FIGHTING WITH WEAPONS IN EVERYDAY SITUATIONS

マーティン・J・ドハティ　坂崎竜［訳］
Martin J. Dougherty　Ryu Sakasaki

原書房

SAS・特殊部隊式

図解実戦武器格闘術マニュアル

★

目次

序文

　なにかを指して「危険な武器」と言うのをよく耳にするが、実際には意味がないせりふだ。武器は武器であって、それ以上のものではない。使い方しだいで有害でもあり無害でもある。なんの役にも立たないこともある。しかし、指針となる知識は必要だ。どれほど殺傷力のある武器であっても、平和主義者が手にすれば無害だ。精神異常者がもてば、実質無害のものであっても人殺しの道具になる。仲間がもっていれば、心強い。また、素手や即席の武器でも、そのつもりで使えば命を奪える。武器をもっているから危険なのではなく、それをもつ者によって武器は危険な道具になるのである。

　現代人は食物連鎖の頂上に位置する

武装と危険性

　イラストの兵士は全自動のカービン銃を装備している。バックアップ用武器にピストルとナイフを携帯し、手榴弾ももっているようだ。だが武器は道具でしかない。これらの武器を使用する意思の有無と、またいつ、どのように用いるかの判断しだいで、この兵士が危険かどうかは決まる。

が、昔からそうだったわけではない。自然界にあるものは、人が武器として使おうとしてもたいして役には立たないし、人はずば抜けて移動が速くもなく、力が強いわけでもない。機敏ではあるが、これは防御的機能として有効なのであって、捕食者が届かないような場所にのぼって逃れることもできる。種としての人は、小型の獲物を狩り、果物や野菜を採集するのに向いている。この点において人は食物連鎖のまさに真ん中に位置していて、捕食される側であり、する側でもある。

この地位を変えたのは道具の使用だ。機敏さにくわえ人には知恵があり、工夫し、生き残りに役立つ道具を作ることができるようになった。この道具のうち一番重要なものが、私たちが武器と呼ぶものであることはもちろんだ。つまり、他の生き物に損傷を与えるために作られた道具だ。

原始の人も、槍やこん棒や、粗末な手斧を手にすれば、自分を殺し、食べてしまうはずの動物相手にも立ち向かえるようになった。私たちの祖先は弓をもち、あるいは武器をもった一団となって戦い、地上で最大級の動物でも倒すことができるようになり、捕食者の頂点に立った。火器をもつと人はさらに有利になった。

こうして、今日では武装した人間が地球上でもっとも危険な生物となり、

即席の武器

どのような物でも武器として利用できるが、一番武器にしやすいのは、刺したり殴打したりできる道具だろう。

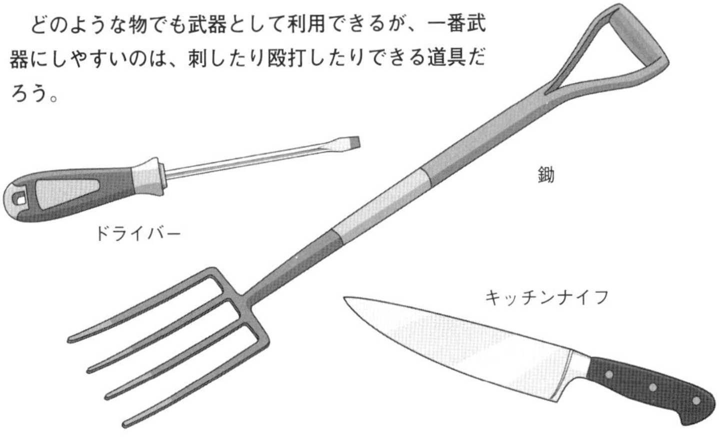

人にとって一番深刻な脅威とはサーベルタイガーやオオカミの群れではなく、自分以外の人間だ、という状況が生じたのである。

自分たちが世界を治めるための武器が、互いにとっての脅威ともなる。しかし、攻撃し破壊するために使われる武器が、防御し身を守るためにも使える点は救いだ。武器は道具のひとつだ。ほかのあらゆる道具と同じく、その使い方は、使う者しだいで大きく変わるのだ。

武器のタイプ

基本的に携帯武器は3つのタイプに分類でき、「刺器、鋭器、鈍器(Pointed, Sharp, Blunt weapon)」(PSB)と言われる。それぞれの特性によって、使い方と身の守り方が異なる。

刺器　ナイフや短剣の尖端やドライバーなど、標的に突き刺せるものだ。こ

鋭器

鋭利な刃をもつ武器は、大きくふたつのタイプに分類できる。大型で相手に深くたたき込めるものと、刃が小さくて軽く、表面にあて、それに沿って動かさないと切れないタイプだ。

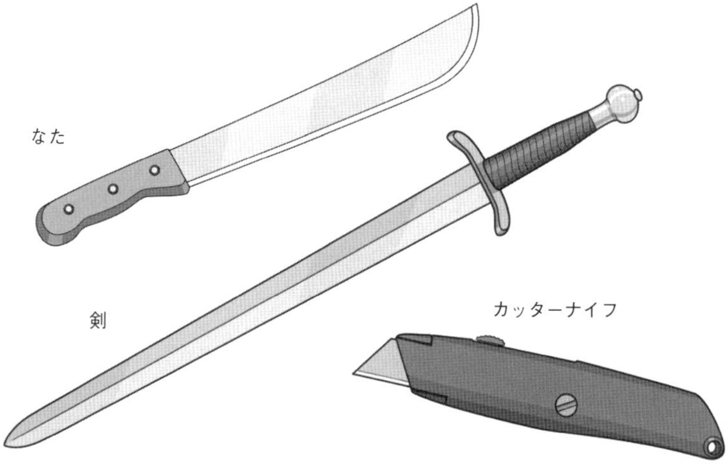

の種の武器は携帯武器のなかでも殺傷力が非常に強く、重要臓器に達するほど深い傷を負わせたり、大量の内出血を引き起こしたりする。刺器は標的に突き刺すのにそれほど力はいらず、大きく振り回さなくとも効果を上げられる。逆に、尖端の延長上に標的がなければ危険ではない。このラインをはずれていれば、武器の向きをそちらに合わせないかぎり攻撃できない。

鋭器　刃があるもので、標的に接触させなければ効果は発揮できない。ナイフや短剣、即席の武器では割れたビンなど縁が鋭利なものがあげられる。刃を動かせないと切れないが、相手の体のどこかに接触するよう切りつければ、負傷させることができる。切りつける攻撃よりも刺してくるほうが、かわすのは簡単だ。

鈍器　それがもたらす衝撃によって負傷させる武器で、それ自体の重さとそれを振り回す力との組み合わせを利用する。たとえば警棒類で相手を抑制しておく場合のように、人体の痛みを感じやすい部位に鈍器を押しつけて、苦痛を与えたり、相手を従わせたりする

鈍器

鈍器はどこにでもある。なかでも危険なのは、力を打点に集中させる形状の鈍器だ。金槌はこのタイプであるため、深刻な損傷をおよぼす。

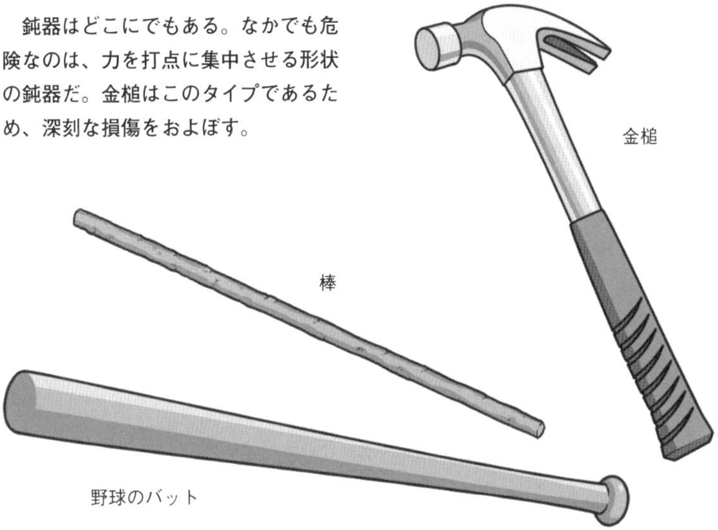

特殊警棒

金属製の握り部分にスチール製のバネが収まっている伸縮式警棒だ。手首を振ると警棒が伸び、関節や側頭部に強烈な一撃を与えることが可能だ。

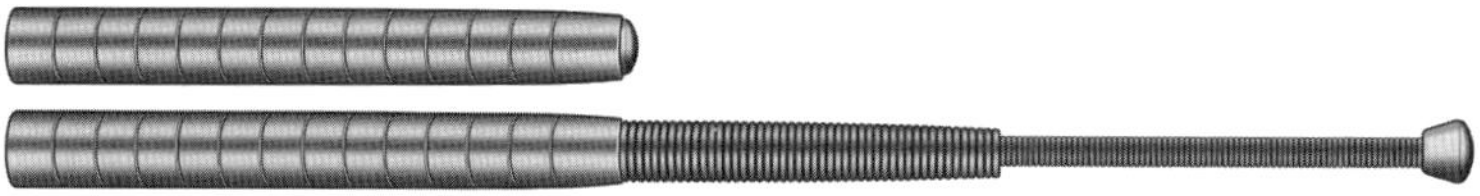

こともある。だが多くの場合、鈍器は振り回して（ときには突いて）標的に衝撃を与え、外傷をもたらしたり、骨を折ったりする。鈍器を動かせない、あるいは振り回す余地がない場合は、たいして危険ではない。

いくつかの要素が組み合わさった武器もある。たとえば斧は、衝撃で損傷を与えるが、殴打する場合に力を込めるのは鋭利な刃の部分だ。攻撃の性質は同じでも、方法が異なるものもある。火器など発射性の武器は、刺器と同じく貫通性の損傷を与えるが、それは銃弾の大きさと重さ、飛翔の高速性によって生じるものだ。相手と接近していれば、火器はこん棒としてもかなり役に立つが、長く、尖端をもつ武器として利用するのが一番だ。トリガーを引くことになれば、銃身と最寄りにある物体を結ぶライン上に位置するものは危険なことこのうえない。だが別の方向を向いている銃は、こちらに向かないかぎり、ほとんど危険はない。

ストッピングパワーと致死性

よく耳にする武器の致死性とは、標的を死にいたらせる能力だが、これは実際には、深刻な危険に身をさらす兵士や警官、民間人にとってはそれほど考慮すべき問題ではない。問題はストッピングパワーであり、命を奪う能力は必ずしも重要ではない。ストッピングパワーは標的を「止める」力であり、標的がなにをしていようと、それを止め、標的を倒すものだ。これは、通常は火器がもつものとされるが、すべての武器にいうことができる。

狙撃チーム

狙撃手のチームは、致死性とストッピングパワーとを考察するに最適な例だ。狙撃手が撃つ場合、それはかなりの長距離からとなり、致死性を重視するのが一般的だ。しばらくは標的が動けても通常は問題ではない。しかしチームの安全確保の要員が撃たなければならないようなら、危険が迫っており、チームがその危険にさらされる前に敵を阻止しなければならない状況だ。この場合は、標的の殺害よりも、その標的が撃つのを阻止することのほうがずっと重要だ。

テーザー銃

　電気ショックを与えて麻痺させる武器で、相手を瞬時に動けなくする。銃の操作スイッチを押すと、電気ショックを与える仕組みになっている。

「止められた」標的は、死ぬかもしれないしそうではないかもしれない。しかしその直後には、自分を攻撃した者や自分が狙った獲物に対して行動を起こすことはできない。戦闘中の兵士や、ひとりで複数の敵を相手にする警官、また攻撃を受けている一般市民にとっては、この点は重要だ。相手がその場で（あるいはあとで）息絶えるとしても、完全に回復するにしても、その相手が戦いから離脱しさえすれば、その時点では戦うことができないからだ。最後には倒れて命を落とすとしても、その敵がしばらくは撃ったり戦ったりできるのであれば、そのあいだは危険な存在なのである。

このため近接戦闘では、軍の兵士や警官は、致死性は高いが即効性はない武器よりも、敵を「制圧できる」ものを好む。暗殺者や狙撃手はストッピングパワーよりも致死性を重視するが、至近距離で戦う場合は、敵を倒すか戦闘不能にすることがなにより重要であって、その他は二の次だ。

概して、刺器や火器は、武器のなかでも殺害能力が一番高く、鈍器は一番低く、刃物はその中間にある。しかしどの武器でも、故意であれ不慮のものであれ、人を殺すことは可能だ。このためナイフは、一般市民が護身に用いるのに理想的とはいえない。ナイフを使えば、負傷させたり脅したりするつもりしかなくとも、また、ナイフで傷つけたからといってすべて死を意味するわけではないが、その場で相手の命を奪ってしまう危険は大きい。ナイフは致死性が高い点と、敵を戦闘不能にする即効性が十分ではないことの２点が問題だ。護身の場合は鈍器を使えば、命にはかかわらなくとも動きを奪うような負傷を与えることが多い。

戦闘中の兵士にとっては、この点は重要ではない。どのような手段であれ目的は勝つことであり、敵の殺害は戦争とは切り離せない要素だ。ナイフは、敵斥候を迅速かつ静かに倒すといった、暗殺めいた仕事に使うには最適だ。戦う場合にも、使い勝手がよく多用途の武器であり、携帯も容易だ。このため兵士の携帯キットにナイフは不可欠だが、通常、警官は、相手の命を危険にさらさないよう警棒を携帯する。

一般に、武器がなんであれ（あるいはなくとも）、熟練の戦士が覚悟を決めれば、高性能の武器をもっていながら、おびえ、中途半端な気持ちしかない者よりも効果を上げられるものだ。それでもやはり、武器はすぐれた「戦力増幅器」であり、ちっぽけな人間が危険な動物を倒したり、腕のたつ戦士がたったひとりで、力は劣るが何人もの敵を倒したりすることも可能になる。ほかの条件が同じならば、武器はなんであれ、ないよりもあったほうがよい

隠しもった武器の捜索

武器を使用する目的で携帯している者の大半は（空港など監視の行き届いた場所にこっそりもち込もうとする場合は別だが）、手が届くところに身につけているので、見つけるのは簡単だ。巧妙に隠している場合は、つぶさに「たたいてボディチェックする」ことが必要だ。

治安の専門家によるヒント——使い方を知る

護身や自宅を守る目的で武器を所持している人もいるが、そこから得る安心感はプラシーボ効果による場合が多い。引き出しやバッグに銃を入れておくだけで安心できるのだ。銃をもち出すタイミングや効果的な使い方を知らずに携帯していると、自分自身や周囲の人に対して責任が生じることにもなる。銃を所持するなら、使う訓練をすることだ。

のである。

武器使用の合法性

警官や軍の兵士には、武器使用のタイミングについて明確な指針がある。法執行官は、脅威とその対応に関する規範に従って任務を行う。殺傷力を行使するのは、人の生命や安全が脅威にさらされていることが明白であるような、本当に必要とされる場合のみだ。つまり、ピストルではなく、警棒を用いないと合法ではない状況があるのだ。

治安作戦に従事する軍の兵士にはほぼ同じことがいえるが、交戦地帯で活動する部隊がとるのは、生きるか死ぬかの対応となることが多い。敵戦闘員を相手にした場合は、支給されたいかなる武器を使用することも可能だが、非戦闘員に対してはそれができない。敵のなかには、一般市民と同じような服装でそのなかに紛れこみ、軍の目をあざむく者もいるため、敵を正しく認識することが問題になる。敵だと確認しさえすれば、必要に応じて攻撃可能だ。

市民の場合、武器使用の合法性についての判断は、交戦地帯の兵士よりも警察や治安部隊の基準に近い。その危険性や状況に見合う、バランスのとれた対応でなければならない。相手を傷つけるどころか、脅すことさえ違法な場合がほとんどだが、護身の場合には、自分や人を守るためなら、市民であっても必要な方策を講じることが認められる。武器の使用も、必要な策だと認められる可能性もある。

深刻な危険

ところによって法律は変わるが、大きな危険に直面している人は、武器を使ったからといって起訴されることはない場合が一般的だ。問題は、その脅威の深刻度とそれを無力化するために使った力の程度だ。それが同等かどうかというより、一般的にみてどの程度危険であるかが問題なのである。

たとえば、ナイフで攻撃してくる相手に火器を使用する場合、どちらも致死性のある武器なのだから、たいていは認められるだろう。同じ条件で戦うために、銃をおいて、自分もナイフを

ボディガードによるヒント——愛する人たちに教えておく

家族や友人に関しては、自分をそのボディガードの立場において考えるとよい。自分が守ろうとしている人がパニックに陥ったり、あなたのことを頭がおかしいとか、乱暴者だなどと言い立てたりするような事態は避けたい。危険な状況になった場合に自分がとる行動や家族や友人の役割について、きちんと説明しておこう。おそらく、家族や友人を危険な場面から逃し、助けを求めに行かせることになるだろう。

素手で争う

　口論やケンカになると、攻撃するにも身を守るにも、思わず手が出るものだ。殴るチャンスはあるのにポケットに手を入れようとする相手は、武器を手に取ろうとしているのはほぼ間違いない。

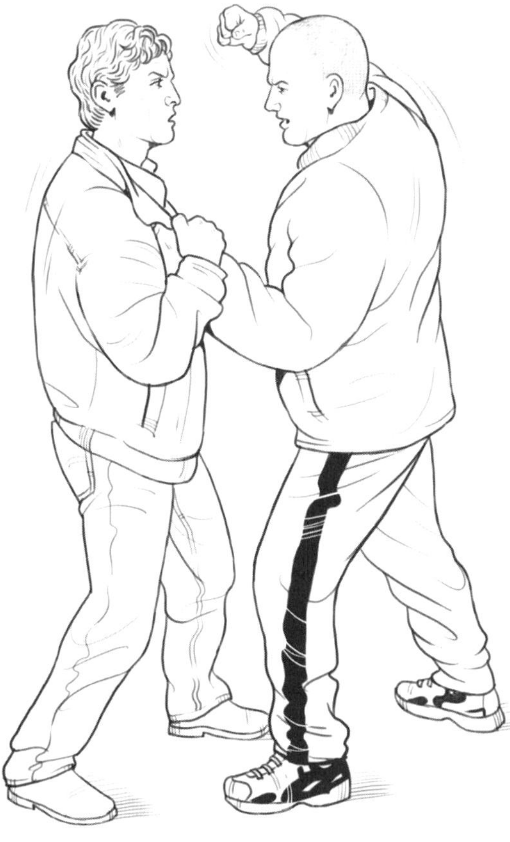

隠蔽と偽装

イラストでは、時間を聞くふりをして標的の気をそらし、隠しもったナイフを突き出している。ごく単純な手口ではあるが、この手のトリックは非常にうまくいく。

法執行機関のヒント——武器の場所を把握しておく

武器を携帯する、あるいは護身用として自宅に常備するなら、いつも同じ場所においておくことだ。どこかにあるはずだと、靴下用の引き出しをあさって45口径のピストルを探したり、よく武器をもっていく場所に取りにいったりする余裕はない。武器を所持したり携帯したりするなら、武器を取り出す練習をしておき、また保管場所を変えることがあれば、すぐに手に取れるように訓練しなおすことだ。

さがす必要はない。

武器をもたずに攻撃してきた者に対して武器を使えば、過剰な対応だとみなされるのがふつうだろうが、しかし、そのときの状況しだいであることが多い。高齢でか弱い人が銃やナイフで身を守ったとしても、そうしなければ相手のほうが圧倒的に強いのであれば、起訴される確率は低い。ほかにどうしようもないだろう。

危険であると認識する

危険だと認識したかどうかも重要な要素だ。真夜中に自宅に侵入してきた者がなにかを手にしているのを認め、その相手を銃で撃ったり鈍器で殴ったりしたとする。この場合の武器使用は、相手が武器をもっていると認識したためだとして、正当化されるといえる。侵入者の手にあるのが無害なものだと判明しても、住人は必ずしも、丸腰の相手に撃ったり、重傷を負わせたりする精神異常者だとみなされるわけではない。住人は危険だと認識し、その状況に見合った対応をしたのだ。

つまり、武器を使用するのが妥当な状況だと本心から思ったのなら、武器の使用はおそらくは合法だ。たとえば、ピストルを振りかざして今にも撃ちそうな様子の人物を見つけたとしたら、その人物が実際に人を射殺するのを待つまでもなく、警官は銃撃を行える。警官は、自分の状況判断に基づき行動する権利が法で認められており、警官の行動の適否は、その状況をどう認識したかで判断される。あとになって武器が模造品で無害だとわかっても、射撃は正当なものとされるだろう。

深刻な脅威

武器をもっていないときに、火器をもつ相手にとびかかるのは非常に危険だ。殺されることが確実な状況で、ただ殺されるのを待つよりもなにかをしたほうがましだと思えるような、失うものがない場合にかぎるべきだ。

つけくわえると、模造品の剣やナイフや火器をもって通りをうろつくのは利口ではない。そんな行動をとれば(周囲の対応をしのげたとしても)、武装した警官が出てきて過剰な対応をされたからといって、文句など言えるはずもない。武器らしきものをもって本物に見えるように振る舞ったとしたら、周囲も本物の武器に対する行動をとると思ったほうがよい。

その行動によって、武器をもっているか、武器を手にとろうとしているのがわかる場合もある。ケンカになってしまうと、本能的に手を自分と相手とのあいだにおくか、手を振り回して威嚇し、主導権を握ろうとするものだ。ケンカの最中に服のなかやバッグに手が向かったとしたら、ほぼ間違いなく、出てきた手には武器が握られている。相手が武器を構える前に対処しなければならない。そうなってからでは、もう遅い。

手は大きな武器であり、ケンカがはじまれば、思わず手を前に出すものだ。両手を広げて自分を大きく見せ、威嚇しようとすることはあっても、激しく言い争っているときに両手をポケットに突っ込んだままにする者はいない。ポケットに欲しいものが入っているのなら別だが。相手がポケットから出してきたのが握りしめた拳であれば、すぐにも攻撃してくるだろうが、少なくとも武器は使わないだろう。とはいえ相手が服に手を入れるようなことがあれば、非常に深刻な事態になるというサインだ。

警官や治安のプロは、相手の様子で武器携帯の有無を判断し、疑わしい場合はそれに対処するよう訓練を受ける。通常、これには状況掌握テクニックを用いる。体勢を変えたり、明快な言葉で命令したり、思いとどまらせるためにはっきりと見えるように武器を構えたりすることもあるだろう。しかし、警官に武器を向けようとしていると思われれば、撃たれたり警棒で殴られた

特殊部隊のヒント——使うか負けるか

相手が武器を取り出すと、命にかかわる事態になる可能性は高い。そして相手が武器を使うか、自分が武器を奪って相手に向けるかという状況になる場合が多い。武器を手にするようなケンカになる前に、相手に対して武器を使ってもかまわないのかどうか考えてみるべきだ。

教官のヒント——備えよ、恐れるな

被害妄想的に恐れ、いたるところに敵の群れが潜んでいると考える必要はない。ほとんどの人は、武器を使った暴力に遭遇することなど一生ないので、備えは「万一」のためのものだ。仕事で危険な状況に身をおく人にとっては、危険の度合いも高いため、高いレベルの訓練が重要だ。だが、命と生活を守るための訓練が生活の大部分を占め、生活する楽しみがなくなっているとすれば、やりすぎだ。

り、そうでなくとも乱暴なあつかいを受けるはずだ。警官ではなくとも、相手が武器を携帯していれば、自分に武器を向けられそうだと思えば同じような反応をするだろう。この場合は警官よりも自制がきかないので、ことを荒立てず、また口論の相手には、自分が武器を手にしようとしているのではないとわからせたほうがよい。

護身のために武器を携帯し、また自宅に武器を所持することが合法な地域は多い。そうでない地域では、武器の携帯は犯罪行為になる。これによって、奇妙な事態が生じる可能性がある。自衛目的の武器使用は正当とされても、まず武器をもつこと自体が合法ではなく、そのために起訴されることもありうる。

たとえばイギリスでは、武器としての使用を目的としてなにかを携帯することは違法で、それが本来の使用法であれば合法なものであってもそうだ。このため、配管工が車の助手席に大型レンチをのせていると、警官に止められた場合には厳しい質問を受ける可能性もある。同じレンチでも、ほかの工具と一緒に工具箱に入れて後部座席においてあれば、まったく問題はない。イギリスの法律では、危険が生じ必要に迫られたため、なにかを武器使用の目的で手にすることは認められる。しかし、まず、武器にしたものがそこにある理由を説明しなければならない場合もあるのだ。

武器を手にした者や、危害をくわえることが一目瞭然の集団が侵入してきたので、キッチンにあったナイフをつかんで対抗したとしたら、ナイフがそこにあった理由も十分説明できるし、ナイフを手にすることが必要な状況ともみなされる。同じく、ギャングに車を乗っ取られそうになった配管工が、

武器の運搬と法律

私は多数の剣を所持しており、さまざまな場所にそれを携帯する。もち運ぶときは、側面に「フェンシング」と書かれたファスナー付きバッグに入れている。なかにはマスクやグローブやジャケットその他、フェンシング用具も入っている。剣について質問されたら、これはフェンシング用具で、フェンシングの教室に行くところか、そこから帰るところだ、というもっともな説明ができる。剣以外のフェンシング用具も入っているためにまっとうな説明に聞こえるので、おそらく額面通りに受け取ってもらえる。

剣を周囲の人々に向け振り回しながら通りを歩けば、私は逮捕されるだろう（されるはずだ）。剣は、実際にはそれで戦っても安全なつくりであって、日頃

ライフルも、おおっぴらにもち歩くのではなく適切なバッグに入れて携帯すれば、危険だとは思われない。

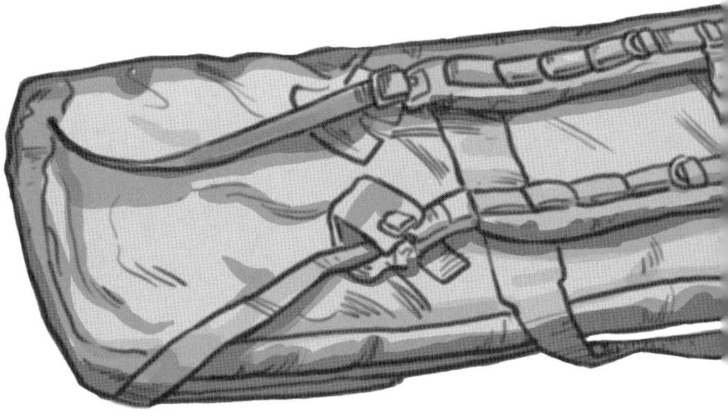

からこれで突き合っている。とはいえ、本物に見えるし、強く振り回せば他人を負傷させてしまうだろう。振り回すところを目撃した人は非常に危険だと思い、武器で応じるのが当然だと判断するはずだ。

つまり、どのような武器であれ、運ぶときには常識を働かせることが必要だ。本物の剣に見えるものを、危なっかしく振り回せば撃たれることもあり、おそらく撃つ側が起訴されることはない。だが、バッグに入れてもち運べば、まったく合法な行為なのだ。

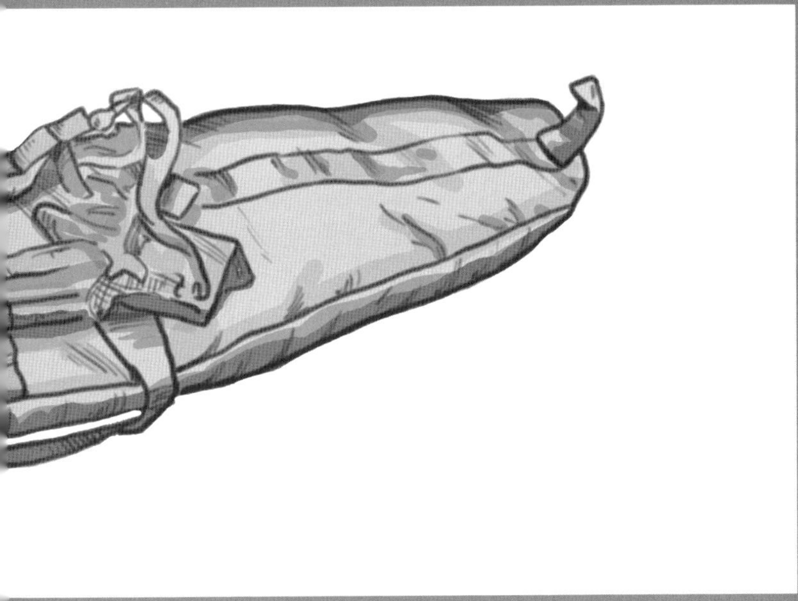

武器の合法的な使用

　合法的に所持している武器を使用する場合は、その武器の使用が正当防衛として妥当なものであるかどうかという点だけが問題だ。しかし、武器の所持や携帯が法律で禁じられている地域もある。こうした地域に武器を「万が一のために」もち込むことは、法律で認められず、起訴されることもありうる。武器の使用が正当化されるような状況下であってもそうだ。一方、ケンカがエスカレートして、たまたまそこにあったもの（キッチンナイフなど、そこにあっても法的に問題のない道具）を武器として使ったとしたら、これは法においては、「しなくてもいいケンカで武器をもち出した」というのとはまったく別物だ。暴力を受けそうになり、身を守るしか道がない場合には、武器を使うことは当然正当化される。たとえ、通常その地域では武器が認められてはいなくてもそうだ。

工具箱からレンチを取り出して抵抗するのも正当な行為とされるだろう。レンチがあるのはまったく別の目的のためだが、状況を見れば、武器として使うことが必要だ。

　武器の携帯が合法な地域では、もっと簡単だ。武器の所持が合法なら、武器がそこにある正当な理由など必要ではない。しかしもちろん、それをもち出し使うことが必要かどうかの判断は、状況しだいだ。

　一般には、その状況を回避できないか、安全にその場を離れるのが難しく、自分や他人の身をうまく守る唯一の方法が武器を使う（あるいは武器で威嚇する）ことであれば、武器の使用は合法だとみなされる。

隠しもったナイフ

小型ナイフは手に隠しもつのが簡単で、すぐに取り出して使える。心しておこう。相手の掌を目視することができなければ、手に武器をもっていると疑うだけの理由があるということだ。

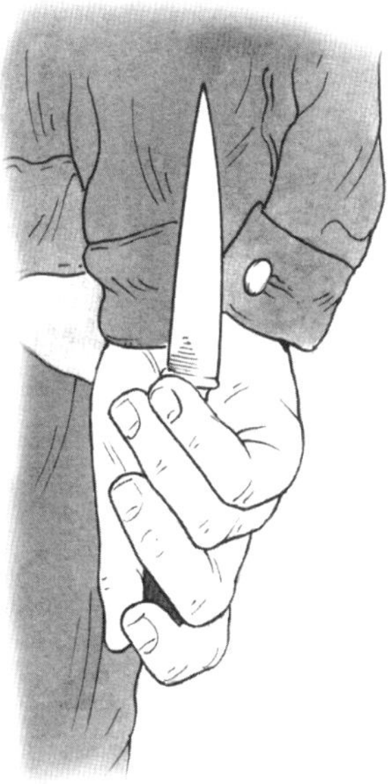

武器を効果的に使えるかどうかはそのときの心構えしだいだ。コントロールとタイミング、集中力が、戦闘に勝つための必須要素だ。恐怖心を克服し、慎重にタイミングを計り、正確に、断固とした決意で打撃を繰り出せば、無事にその場を離れることもできるだろう。こうした心構えにくわえ、手元にある武器の使い方を理解しておくことは、兵士や法執行に携わる警官にはきわめて重要である。

第1部 武器格闘術の本質

第1章

格闘はいかなるタイプのものであろうと、恐怖心と痛みを伴うことが多い。勝者にしてもそれは同じだ。

格闘のスキルと心構え

手にする武器にかかわらず、勝利は、やる気があり訓練を積んだ者か、あるいは状況が思わしくなくとも必死で戦おうとする側にもたらされる場合が多い。少なくとも、闘争心や攻撃心は、武器をあつかうスキルに劣らず重要である。

武器を使った攻撃はつねにリスクを伴う。相手が打撃を避けたりブロックしたりすれば、身を守ろうと「警戒して」ばかりのときよりも、攻撃側は反撃を受けやすくなる。実際には、（武器をもつ者がもたない者を相手にするように）攻撃しようとする側がある程度有利な立場にあって、打撃を放ってくるような状況もある。しかし、身を守ってじっと立ちつくしていても、勝利にはつながらない。

武装戦訓練の教官は、武器使用のスキルと同じくらい、「戦う心構え」を教えることに力を注ぐ。

タイミングを計る

武器を用いた戦いに勝つために問題となるのは、攻撃に最適なタイミングを選ぶ点だ。有効打を見舞うタイミングと距離を計って、打ち返されないようにするのだ。攻撃の多くは複雑なものではなく、直接的で容赦がない。ボクシングやフェンシングなどのスポーツにあるような緻密さはほとんどない。スポーツ選手は巧妙なフェイントや攻

フェンスの体勢

攻撃してこようとする相手と自分とのあいだに両手をおくといった簡単な対処法でも、間合いをとれるので攻撃を阻むことができる。これは「フェンスの体勢」と言われるもので、攻撃的でも威嚇的なものでもないが、その場をコントロールするのに役に立つ。

撃をうまく組み合わせ、互いに相手のミスを誘おうとするものだ。武器をもった者は、今だと思ったら突進し、攻撃してくるのが一般的だ。それがうまくいけば、ことは一瞬で終わる。そうでなければ、相手の反撃を許すことになるだろう。つぎの3つの方法が、武器による攻撃を防ぐための基本だ。

- 攻撃してくる相手を妨害する
- 攻撃を回避する
- 攻撃をブロックするかかわす

妨害する　相手がこちらに打撃を繰り出す前に相手を殴打する。これが最善策である場合もあるが、リスクの大きい策だ。たとえば、ピストルを携帯す

法執行機関のヒント——自信と決意

戦闘には恐怖心が伴う。それは訓練を受けた兵士でも同じだ。勝算は低くとも、戦いぬき、勝利するという決意を維持することが必要だ。スキルや訓練や、仲間や武器に対する自信がなければ、この決意は揺らいでしまう。

る兵士や警官は、相手がナイフで突っ込んできても、ナイフが自分に届く前に撃つことができる。これは、ストッピングパワーが非常に重要だという例だ。攻撃者が死んだとしても、その前に標的を刺したとしたら、妨害はどうみても失敗している。同じことは大半の携帯武器にいえる。兵士が、突っ込んできた相手をナイフの切っ先でとらえたとしても、相手にまだ兵士を死傷させる能力が残っていれば、妨害という選択は誤っていたことになる。

回避する　攻撃がはずれるように移動する策だ。横に動いたり、後退して攻撃が届かないようにしたり、相手が振

打撃の回避

打撃があたらないようにするには相手の腕の下にもぐり込むだけでもよいが、回避のテクニックを使って相手に接近し、うまく反撃したほうがよい。イラストの兵士は前に動いて横にかわし、攻撃者を倒しやすい位置についている。

り回す腕の下にもぐり込むのもひとつの手だ。だが後退して回避するだけでは、相手のつぎの攻撃を止める役には立たない。

しかし回避と妨害とを組み合わせることもできる。たとえば兵士なら、横に動いて銃剣の攻撃を回避してから相手を撃ったり、相手が振り回すシャベルなどの下にもぐり込んで、自分のナイフで刺したりする。こうすれば、回避は攻撃的防御であって、敵の戦闘能力を奪うチャンスとなる。相手は距離をつめ、反撃を受けやすい位置にいる。防御側は逃げて身を守りつつ、チャンスを生かして反撃の一打を見舞うのである。

ブロック　なにかで攻撃を止めることだ。通常は武器を使うが、武器以外の物を盾にして防御することもある。ブロックは敵の攻撃力を止めるだけのもので、攻撃をかわす場合にはもう少し複雑な動きになる。攻撃を完璧に止めようとするのではなく、脇にはらうのだ。一般に、ナイフで刺す攻撃は、切りつけたり振り回したりするものよりもかわしやすい。3つの策を組み合わせることも多い。たとえば、兵士が横に動いて銃剣の突きをかわし、同時に腕で銃剣を脇にはらえば、攻撃を無力

かわすディフェンス

ナイフの一撃のようにまっすぐに向かってくる攻撃は、はらって横にかわすことができる。これは回避とかわしを組み合わせた防御だ。

化するチャンスは倍増する。相手がナイフで突いてくれば、警官はナイフが届かないところまで下がり、ナイフをもち伸ばしてきた腕を警棒ではたく。これは妨害とかわしを行った例だ。

武器による攻撃にはほかにも対応策はある。なにかしっかりした物のうしろに隠れ、つまり、遮蔽物を利用するのだ。相手が火器をもっていて、防御側が火器をすぐつかめる距離にいないか、先に撃てない状態であれば、遮蔽物に隠れるしかない。遮蔽物は携帯武器に対して有効ではある。しかし概して、携帯武器で攻撃できるほど敵が接近していれば、遮蔽物を乗り越えたり回り込んだりすることもできるので、その場合は、障害物を利用してもせいぜい反撃の時間稼ぎ程度にしかならない。

ボディアーマー

ほかにどうしようもなければ、ボディアーマーが攻撃をくいとめてくれるか、負傷してもたいした傷ではないことを祈るのみだ。首をかばって、腕でナイフの一撃を受けるしかない場合もある。これで防御側が一打を放って決着をつけることができるなら、治療を受ける必要もあって相当な犠牲ははらうが、勝利することになる。警官が戦

ボディアーマー

イラストのようなボディアーマーは、ライフル類をはじめ、銃弾によるあらゆる危険から身を守ってくれる。大きさと重量が欠点で、移動のさいには体力を消耗する。

闘テクニックを学ぶときには、防御用ベストがうまく機能することを願ってナイフ攻撃を体に受けるようなことは教わらないが（それなりの理由がある）、これ以外にまったく手がない場合もある。警官が戦いに勝ち、命もあれば、作戦はうまくいったことになる。

戦う者は、それで勝てるのなら、あらゆる手段をやってみなければならない。これが武装戦の本質だ。重傷を負いつつも戦い続けたり、必勝の一撃を放つために危険な賭けに出たりすることもある。しかし多くの場合、冷静に思考し、リスクと得るものとを秤にかけて賢明な判断をくだし、武器をたくみにあつかうことで、勝利の確率は高くなる。保証されているものはなにもない。しかし概して、恐怖心を抑え、タイミングを慎重に計り、決然とし正確な攻撃を行うことができれば、無事にその場を離れることになるだろう。

戦いを仕かける

軍隊では予期せぬ攻撃に対処したり、状況しだいでは、準備不足のなかで作戦を行ったりしなければならない場合もある。しかし、こうしたやり方では勝利につながるとはいえない。軍の指揮官は戦いを仕かけ、また戦闘の前にあらゆる手を打ち勝算を高めるほうを好む。武器も訓練も戦術も最高の備えをし、敵の弱点や、訓練や装備が手薄なところにそれを用いるのだ。

これは小規模な武装戦でも同じだ。自分に有利になるよう策を施し、勝利をほぼ確実にすることが可能だ。圧倒的な力や熟練のスキルで不意打ち（あるいは攻撃するまで武器を隠す）すれば、成功の確率は増す。相手を上回る性能の武器を所持する、あるいは相手には武器がなく、自分にはある場合も大きく有利だ。武器があれば心理的にも優位に立てる。

手にする武器の強みがなんであれ、武器を所持していることで自信を得て、戦おうという気になれるものだ。このため、武器を振りかざす者がいたら、使うつもりなのだと考えたほうが賢明だ。武器をもった相手にタックルするのは、タイミングが最適な場合でさえ非常に危険だ。別の策があれば、そちらにしたほうがよいだろう。特殊部隊は、できるかぎり敵と接触せずに任務を遂行しようと努め、武装戦が生じないようにする。戦わなければならない場合は、敵に武器を使うチャンスをできるだけ与えないようにし、敵兵士が撃ちはじめる前に戦いから排除する。正々堂々と戦うなどと言っていられる状況ではない。

同じことが、一般市民が武器を突きつけられた場合にもいえる。相手が武器をもっていると疑われる場合、理想は、その場を離れて対立を避けることだ。武器をもっているか、そう疑われ

特殊部隊のヒント——短時間で終わらせるのがうまい戦い方

一般に、長時間かけて戦うよりも、短時間で決着をつけるほうがよい。敵を迅速に排除できれば味方の死傷者も少なくなるし、敵が支援を受けたり、逃げたりするチャンスも小さくなる。

る相手にタックルする必要があるなら、相手が武器を取り出し構える前にそうすべきだ。ケンカの最中に相手がナイフや銃を抜きそうになったとする。相手が武器を取り出してしまうと、こちらの勝算は低くなるだけだ。武器を構えてしまう前でなければ、全力で向かっても相手を無力化することはできない。

軍の兵士であろうとなかろうと、絶望的な状況でもなければ、武器をもつ相手に丸腰では挑まない。武器を奪うか、即席で武器にできるようなものがあれば、互角になる。戦争地帯で任務につく場合や、武器を所持した容疑者を相手にした警官は、その時点では武器使用の合法性を気にかける必要はない。（拘留中の捕虜や容疑者を突いたり殴ったりするなど）過剰な力を振るわないかぎりは、兵士や警官は義務を

敵を抑制する

「コントロールと抑制」は警官や治安部隊の兵士が用いるテクニックだ。抑制した敵をそのまま抑えておく場合には手錠を使える。その場を自分の思うようにコントロールできていなければ、抑制のテクニックを用いてもむだになる。

遂行しているだけだ。しかし一般市民であれば、法を恐れ、武器の所持や、武器をもつ相手に行動を起こすことを逡巡する場合もある。

ところによって法律は変わるが、武器をもつ相手に攻撃されたら、それを止めるために必要なことなら、なんであれ正当な行為だとされるのが一般的だ。ナイフのような殺傷力の高い武器であっても、それを手にしても、武器で攻撃されているのであれば正当とされるはずだ。防御側は、武器の使用が合法かどうかを心配するよりも、殺されないことに注意を向けるべきだ。

相手の攻撃を止めたら、兵士や警官にも、一般市民にもほぼ同じ「交戦規則」が適用され、降伏した、あるいは無力化した敵への攻撃は通常は合法とはされない。また、敵を「阻止し」、もう危険でないならば、通常は攻撃する必要もない。

武器を突きつけられた場合のルールは簡単だ。できるかぎりそれを避け、できればそこから逃げたり攻撃をかわしたりする。だが必要であれば、勝つためにやるべきことはすべて実行するのだ。

不可欠なスキル

火器をはじめとする武器の多くは、使い方を知らない人がもっていても、実質役には立たない。近接戦闘では、安全装置のあつかいや強力な武器の再装填に手間取っていれば、命を失いかねない。白兵戦での武器は非常にあつかいが難しいものもある。たとえば武術の奥義として使う武器は、敵にとっても、使う者にとっても危険だ。使ったこともないのにヌンチャクや三節棍を手にすれば、相手どころか自分も負傷しかねない。

一見ごく簡単そうな武器でさえも、使うのは見かけによらず難しく、慣れない武器を使っても効果はあまりない。このため、武器を用いた戦いには、武器をあつかうスキルが不可欠なのである。もちろん、必要とされるスキルは、危険の程度によって異なりはするが。たとえば棒類やナイフがあれば、武器をもたないか、武器をあつかうスキルのない相手ならほぼ倒せるだろう。だが訓練を積んだ兵士や武術家となると、あっさり武器を奪ったり、素手で相手を殴り倒したりすることもできるだろう。

相手の武器はなにか、相手のスキルがどの程度かによって、戦いに勝つために必要なスキルのレベルは変わる。例をあげれば、自分に徒手格闘の訓練経験はほとんどなくとも、午前２時にピザ店の外で大振りのパンチを繰り出す酔客には対処できる。しかし、高度な武術のスキルを身につけた相手だと難しい。武器を手にした戦いも同じだ。棒を敵に振り回すだけならだれでもできるが、棒術のスキルがあれば、訓練を受けていない相手ならなんなく倒せるだろう。

武器の力学

このため、武器の作用を理解しておくことが、その武器で効果的に戦うための一番の基本要件だ。その武器が損傷を与える仕組みを知っておく必要があるということだ。武器を使う者は、どこをどの程度攻撃すればよいかを学び、姿勢やフットワークといった、武器を効果的に使う要因を理解しておかなければならない。

思ったより武器の運動量が大きく勢いがつくために、武器を素早く動かせずに失敗する例は多い。打撃を放つチャンスや、さらに悪いことには相手の打撃をブロックする機会を逃すか、攻撃をはずしたはずみによろめいて、隙だらけになり反撃を受けてしまうことになる。

武器を使用する場合は、武器を使うタイミングや相手との距離といった要因を理解する必要もある。無理せず武器が届く範囲を知ることで、それより外にいて油断している敵を攻撃することも可能であるし、無理な体勢になって相手の攻撃を受けやすくなるのを避けることもできる。タイミングも非常に重要だ。武器を見ただけで、ある距離のターゲットに届くまでの時間がわかれば、絶好のタイミングで相手を攻撃し、敵が攻撃態勢に入ろうとしているときや、まだ戦う態勢が整っていないときに襲うことも可能になる。

どんな武器であれ、それを使うスキルが高いほど、攻撃するさいのアプローチという面も考慮することができるようになる。武器を使うときの身体力学を理解すれば、一番効率のよい動かし方ができる。これとターゲットに関する知識とを組み合わせれば、敵が攻撃しそうな場所とタイミングも予測で

特殊部隊のヒント――攻撃のコントロール

攻撃をうまくコントロールできれば戦いに勝つ。防御にばかりとらわれていては勝てない。また、やみくもに攻撃するのはむだだが、戦いがはじまれば、勝とうとして戦う部隊は、ただ負けない戦い方しかできない部隊より大きく優位にある。

ナイフのうしろに回り込む

武器で攻撃された場合、武器が自分のほうに向かないように動くのも、よく使われる対処テクニックだ。イラストの例では、兵士はナイフの「うしろ」に回り込んで、自分の体に突き刺せないようにしている。

きるのだ。

たとえば杖や警棒といった鈍器は、振り回して損傷を与えるのが一般的だ。スキルがあれば敵の顔に突き出すといった思わぬ攻撃もできるだろうが、たいていの人は、棒を手にしても、こうしたうまい手は考えつかない。

兵士や警官は警棒を携帯するため、棒類を武器にもつ敵を相手にする場合は、ある程度の予測がつく。敵がうまい手や奇策を使ってこないという保証はないが、どんな攻撃を繰り出してきそうかわかるのだ。

攻撃を予測する

敵は武器を右手にもち、体の右側に

A
B

C

半棒と銃剣

防御側はまず身をかわして、半棒（約 90 センチ）で銃剣の突きをそらし、それから前腕で相手ののどに打撃を放つ（A、B）。この後、棒の先端を相手の肩の上にやる。前腕と棒で敵ののどをはさみ、きつく絞める（C）。敵が倒れたら、攻撃をやめ、棒を敵から離す（D）。

D

ナイフで戦う

攻撃側が先手をとり、相手の首を狙ってフォアハンドで切りはらい(2)、それに続けて胴体に切りつけている(3)。どちらも即座に敵の動きを止める攻撃ではないので、攻撃側は相手をつかんで引き倒しながら胸にナイフを突き刺す(4)。

1

2

3

4

おいている。相手がバックハンド攻撃をするつもりなら、武器をもつ手を体の前で横切らせなければならず、これは防御側にも見える。両者が離れていて、体や脚に攻撃するには接近する必要があれば、このときも防御側にはそれがわかり、妨害することが可能だ。このとき一番確率が高いのは、頭部を狙ったフォアハンドの一撃で、おそらくななめ下に振り下ろしてくるものだ。スキルがなければそれが見分けられないが、訓練を積んだ者にとっては一目瞭然だ。ごく簡単な訓練でも、それを経験した兵士や警官は、どこから攻撃がくるか判別でき、経験から敵の意図を「読み取る」ことができるはずだ。たとえば、ナイフを自分の体に引きつけてもつ相手はナイフのあつかいに自信があり、おそらくは接近し、命を奪いにくるつもりだ。

腕を伸ばしてナイフをもっていれば、実際にはナイフを盾代わりにしていて、攻撃する意図はないだろう。もちろん、絶対と言うことはできないが、敵の武器のもち方で、それを使いたいのかどうか、どうするつもりなのかわかることは多い。

武器使用の意思

すでに述べたように、使用する意思がなければ武器は役には立たない。一般市民が武器を使う場合、大半は、そうせざるを得ない状況に陥っているか、

脅しに使う

武器を見せつけるのは、通常は欲しいものがあって、武器で脅してそれを手に入れようとしているのだ。武器を使うつもりがないとはいえないが、通常は、武器を使うこと自体がそもそもの目的ではない。

恐怖心からの行動だ。路上強盗が武器を振り回していたとしても、獲物を脅そうとしているだけだろう。とはいえ、攻撃されれば、思わず突いたり刺したりすることもある。おそらくは攻撃されるのがこわくてナイフを携帯し、ナイフは脅し目的でしかないのに、それを使ってしまったという悲劇は数えきれないほどある。

こうなるのには大きくふたつの理由がある。まず、武器をもつと自信を抱きがちであること。このために、ふつうであればいざこざを避ける人が、ポケットのナイフのせいで気が大きくなり、ケンカすることを選んでしまうのだ。これが格闘に発展すると、生き残りのために武器を使い、服役することにもなりかねない。

また、武器で脅したからといってうまくいかないこともある。「獲物」が突然武器をもち出したために、襲おうとした相手が思いとどまることはある。しかし、それは敵が、獲物が実際に武器を使う気があり、しかもそのスキルがあるようだと判断したときだけだ。獲物は武器を使わない、あるいは戦っても自分が勝てると思えば、敵は当然攻撃してくる。この時点で、武器をもつ者は、武器を使って結果を受け入れるのか、敵にその武器を使わせるのか厳しい選択を迫られる。武器を携帯する場合はいくつか簡単なルールがある。

仕留める

倒した敵に「膝落とし」を使えば、肋骨を折って仕留めることもできる。骨折はしなかったとしても、激痛が走り、敵は息ができなくなる可能性もあるし、膝に体重をかければ敵は動けない。

・武器を使う意思もスキルもなく、使った結果を受け入れることもできないなら携帯しない。
・使う態勢が整うまでは武器をもち出さない。
・武器をもち出して脅す場合は、それを使う心構えもし、敵にそれが伝わるようにしなければならない。

これは、軍や法執行機関の武器使用訓練にも組み込まれているルールだ。兵士は、使えず、また使う意思もない武器を携帯して派遣されることはない。多くの場合、これは武器携帯の必要がないことを意味する。制服警官や基地の保安要員が銃を人に向けるときは、撃つ意思があると思ったほうがよい。これは、相手を降伏させ、無抵抗で逮捕を受け入れさせるため、あるいはむやみに武器を使わなくても済むようにするための対応でもある。

なにより、武器をもち込んだら、絶対にそれを使うつもりでなければならない。そうでなければ、いちかばちかで武器で脅し、敵を制止しようとしていることになる。阻止できなかった場合は、敵に、それも自分がもつ武器で命を奪われる可能性が高い。

戦う心構え

軍や法執行機関では、戦う心構えを身につける訓練も行う。戦いのスキルに並び、あるいはそれ以上に重要だともいえる。スキルがなくとも勝てる場合もあるが、最後まで戦いぬく意思がなければ無理だ。間違いなく負ける。武器使用の適切な訓練を受けている者は、戦うことにつきもののリスクを理解しており、またそのリスクを受け入れ、勝算を高める自信と勇気も備えている。

武器をもった敵を相手にすると、無意識に「あいつはなにを仕かけてくるつもりなんだろう」と考えてしまうのが一番多いパターンだ。しかし、戦う心構えがしっかりとできていれば、「あいつを止めるためにはどんな手が一番だろう」と考える。また、武器を見ておじけづく人もいれば、「あれを手に入れたい」と思い、奪おうとする者もいる。

殴打したり銃で撃ったりはしたがらない人のほうが多い。少なくとも、そうすれば他人を傷つけることがわかっているからだ。麻薬やアルコールの影響下にある者や激怒している者は、すぐに武器を使ってしまいがちで、間違いなくあとで後悔する。つまり、まともな人にくらべ「悪人」はすぐに武器に手を出すのであり、それは文明社会でよしとされることではない。

しかし、警官や兵士や、厄介ごとに遭遇した良識ある市民といった、社会

教官のヒント――恐怖心と臆病さ

恐怖心と臆病とは同じではない。臆病とは、なすべきことがあるのに恐怖心に打ち勝つことができない状態だ。恐怖心とは、危険な状況に対する自然な反応であり、大半の人がある程度は抱くものだ。ほかの人が恐怖心を抱いているような状況でも、十分に訓練を積み、大きな自信をつけていれば、おびえずにいられる。しかしだからといって、臆病者であるとか、ヒーローであるというわけではない。

を守ろうとする人々であれば、必要な場合には躊躇なく行動をおこす心構えを身につけることができる。しかもそれは、「悪人」になることとはまったく別の精神状態なのだ。

精神状態

戦う心構えは、精神異常や、他人を狩ることに喜びを見出すこととはまったく別物だ。戦うべきだという気持ちが躊躇にまさった精神状態だ。この点は事が終わったあとの対処にも重要である。なすべきことをしただけだと納得していれば、打撃を見舞ったり銃を撃ったりしたことに何年も悩まされず、精神的に苦しむことは少ない。

このため、訓練で戦う心構えを養えれば、兵士や警官は効果的に戦うことで自分がおかれた状況に対処することができるし、精神的後遺症にも対応できる。これは重要な点だ。武器の使用はほんの数秒でしかないことが多いが、その数秒が人生を変えることもあるからだ。お粗末な決断によって相手に死や後遺症をもたらしたり、そのできごとを繰り返し思い出し、ほかにはどんな策があったかと、何年も苦しんだりすることにもなるのだ。

兵士が撃たれたり負傷したりしたときも、戦う心構えの有無で反応は異なる。断固とした意志を備えた兵士であれば、その兵士を火器で負傷させたとしても、「阻止」できず、命を脅かすこともない場合が多い。だが大多数の人は、負傷したところを抱きかかえるようにしてパニックに陥る。傷口をおさえて助けが早くくることを願うしかない場合もあるが、敵がまだ戦っている最中なら、傷の手当をしているうちに簡単に標的にされる。

負傷に対処する

勝つためには、負傷しながらも戦い、治療はあと回しにしなければならないことも多い。この場合には戦う心構えが不可欠だ。撃たれたり、刺されたりしたことがわかってはいるが、まだ戦えるのだから傷は深刻なものではないと判断できる兵士は、戦い続け、勝つことも可能だ。生き残るには戦い続けるしかない場合もある。

多くは戦う者の精神状態しだいだ。撃たれて命に別状はなくとも、昼食をとっているときであれば、たいていは防御的に反応し、傷をかばい、倒れ込んでしまう。同じ人物でも、銃剣を挙げ敵に突っ込んでいる最中であれば、撃たれても攻撃を続けるだろう。これが逆効果になることもある。必要ではないのに戦い続けたために、傷がもとで兵士が命を落とした例もある。しかし、数で圧倒され囲まれた場合は、戦うことが生き残る唯一の方法なのである。

戦う心構えとは、こう要約できる。「あきらめないかぎり、そして命を奪われておらず、生きているかぎりは、

銃剣で戦う

突くタイプのほかの武器と同様、狭い通路で銃剣の攻撃を受けると危険だ。防御側がその通路から出たり、銃剣を横にかわしたりすることができれば身を守れるが、それも攻撃側が立て直して再び突いてくるまでだ。

まだ終わっていない」

銃剣の訓練

銃剣の訓練も、軍において戦う心構えを育てる手段のひとつだ。軍の兵士が銃剣を利用する機会はごくかぎられている。しかし軍隊では、依然、銃剣の訓練が行われている。いつかは役に立つこともあるかもしれないという実際的な理由もあるにはあるが、銃剣の訓練は、兵士に必要な攻撃的精神と心構えを育てるのだ。突進して人の体に鋭利な武器を突き刺す決断を下すのは非常に難しい。しかしそうしなければならないとわかったら、その訓練を積んだ兵士ほど、必要な場合にはすぐに

銃剣による突き

効果的な突きを行うためには、まず前に踏み出す。これは距離をつめるだけではなく、うしろから銃剣に体重をかけて突くためでもある。敵が姿勢を立て直し、防御や再度攻撃する態勢を整える前に、しっかりとした姿勢から、銃剣を敵に突き出す。

行動に移せるものだ。

同じことは軍の武術でもいえる。世界の精鋭部隊が、戦場でフェンシングやボクシング、レスリング、あるいはブラジリアン柔術で敵と戦う可能性は低い。しかしこうしたスポーツを通じて、兵士は比較的安全な環境において格闘経験を積み、戦うときの緊張感に対処することを学び、さらにこれは重要な点だが、勝利を経験することができる。勝つことは習慣になり、勝利を経験した者は、勝ちたいと思うようになる。

２番手になることが軍葬を意味するような状況においては、勝利とは培うべき習慣なのである。

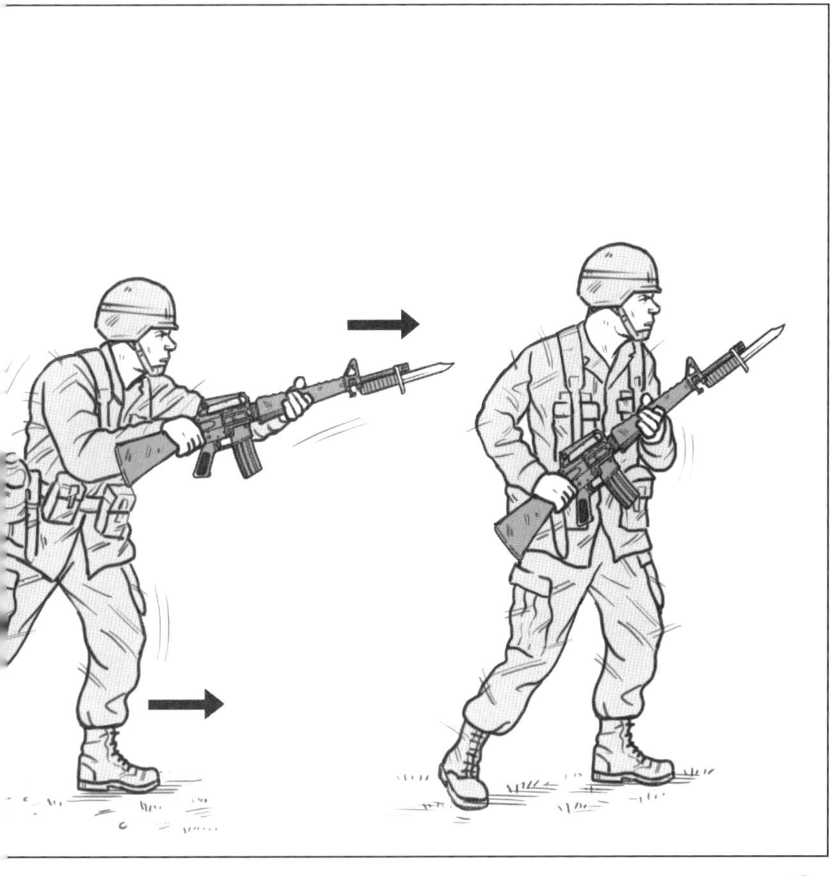

銃剣で受け流す

防御側は敵の銃剣をひっかけて突きを脇にはらう。これは攻撃をかわすだけのものではない。銃剣をひねって敵の体のバランスをくずし、さらに敵の銃剣を防御側に危険のない方向に向けるのだ。このあと突けば、勝てる見込みは高い。

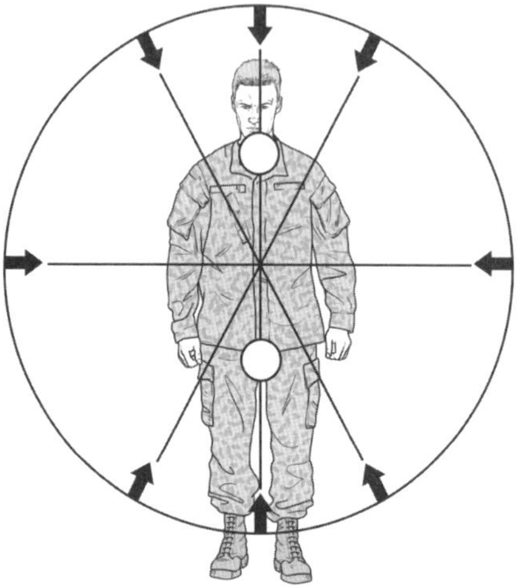

第2章 武装戦に勝ちたければ、自分の強みと相手の弱点を知ることはきわめて重要だ。

なにを攻撃し、どこを守るか

体のどの部分が一番攻撃に弱いかは、手にした武器による。概して刺器は胴体への攻撃にもっとも効果があり、深く刺されば臓器にダメージを与える。鋭器は体のどこであれ切りつけることができるが、たいていは、それですぐに動けなくなるほどの傷にはならない。手足の動きに関係する動脈や腱を切断するのでなければ、切傷で即座に戦えなくはならないだろう。また、切られたことにすぐには気づかない場合もある。

人体は、非常に回復力のある部位もあれば、驚くほどダメージを受けやすい部位もある。ターゲットにする部位によって、敵が軽傷しか負わないか、敵をたたきのめせるかの違いが生じる。

鈍器や銃弾の影響はすぐに出る。鈍器は軟組織を傷つけるが、骨にも効果は高い。大きな衝撃を与えるものなら、どの武器でもまず頭部を狙う。重傷を負わせられなくとも、「脳震盪」で意識を失うこともある。銃弾はどこにあたろうと深刻なダメージを与えるが、刺器と似ている点が多く、銃弾が重要臓器に命中しない場合は標的の動きを阻止できない可能性もある。

とはいえ、どんな武器をどこに使ってもいいのであって、たいした損傷は与えられなくとも、まったく攻撃しないよりも一撃を見舞ったほうがよい。標的を選ぶ場合に問題とするのは、どこなら命中するか、という点だ。届く

人体：急所

イラストの人体の色が濃い部分は、身体に激しい攻撃を受けた場合に非常に損傷を受けやすい部位だ。とくに弱いのが頭部と首だ。他の部位にまで致命的な影響がおよびはしないが、股間と手足の関節も標的とされやすい。

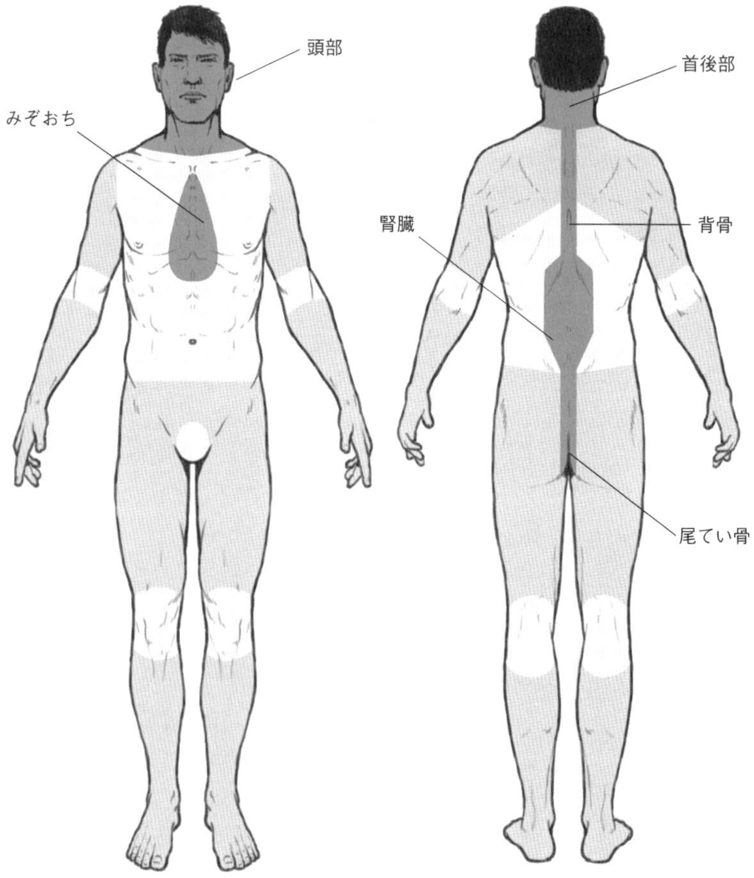

のは体のどの部位か、ボディアーマーやヘルメットや厚い衣類に守られていないところはないか見きわめるのだ。

頭部と首

頭部を攻撃されれば非常に危険であるため、敵の多くはここを狙いたがる。訓練を積んでいない場合でさえ、人は頭部を狙おうとする傾向がある。ここは意識をつかさどるため、うまくあたれば敵を戦いから離脱させられることを、だれもが本能で知っているからだ。顔への打撃も心理的効果は大きく、実際にはたいした負傷ではなくとも、相手が退却したり混乱状態に陥ったりすることもある。

白兵戦で武器を使うと、一般に、体や脚よりも頭部のほうが届きやすい。一撃を見舞う場合、たいていは頭上から降り下ろそうとし、攻撃側は武器をもつ腕を体より上にあげている場合が多いからだ。刺器や発射体を頭部に命中させるのはかなり難しい。頭部は比較的小さく、ターゲットが意識を失ってでもいないかぎり、動きが速い。

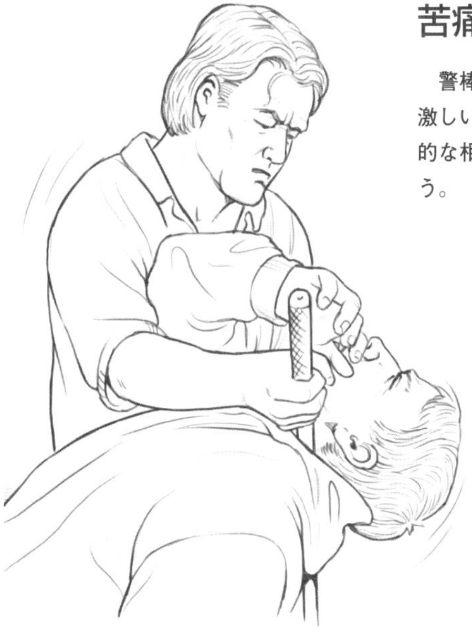

苦痛を与えて従わせる

警棒を首にあててのどを絞めたり、激しい痛みを与えたりすると、攻撃的な相手でも非常に従順になるだろう。

頭部に打撃を見舞うと方向感覚や意識を失う可能性があり、強い衝撃を受けて頭蓋骨が砕け、戦いのあとで死亡することもある。このため頭部は、鈍器や大型の刃物といった大きな衝撃を与える武器で狙うのに最適であり、これに対し、小型の刃物は首に向けたほうが効果は高い。顔へのひと振りで敵の動きを阻止することはできないかもしれないが、首の大動脈が切れれば、倒れて間もなく命を落とすだろう。

頭部や顔への突きはあまり見られないし、狙っても、頭部を保護していない場合でも頭蓋骨に阻まれることが多い。近距離で銃撃戦を行う兵士や警官の多くは、ほかに狙う部位がある場合

背後からナイフで攻撃を受けた場合の防御

イラストのように、背後からのどにナイフを突きつけられた場合には、ナイフをもった腕をつかんで動かせないようにしてのどから引き離し、その後、肩ごしに相手を目の前の地面に投げつけるのが一番の対抗策だ。

は頭部に向けては撃たない。「一発阻止」の可能性は非常に高いが、命中させるのは非常に難しいのだ。狙撃手や、時間をかけて慎重に狙える場合、あるいはほかに狙える部位がないときには、頭部を撃つこともあるだろうが、相手の動きが非常に速いとはずす確率が高い。

このため、鈍器や大型の刃物など弧を描くように振り回す武器を使う場合は、頭部を狙うとよいが、発射体や刺器のターゲットとしてはすすめられない。

胴体

携帯武器で狙う場合、胴体は頭部よりも命中させるのが少々難しい。ある程度接近して攻撃をくわえる必要があるからだ。腕で防御するのも簡単だ。戦っていて、攻撃しようとしたときに、ボディショットを邪魔する位置にたまたま自分の腕があることも多い。胴体はまた、ボディアーマーや厚手の衣類を身に着けていなくとも、皮膚（一般に思われているよりも厚い）や筋肉、骨格でかなり守られている。

「体の中心部」である胴体は、火器で狙う場合は主要なターゲットだ。あてるのが一番簡単だというのが大きな理由だが、重要臓器に命中する確率も十分考慮すべき要因だ。事実、胴体にあたると命にかかわる可能性があるので、保安要員が敵を動けなくする場合には、慎重に脚を狙って撃つこともある。脚を狙うのはおもに、撃つ側が、命を奪おうとまでは思っていない場合だ。銃撃戦の場合や敵が武器をもって突っ込んでくるときには、体の中心を狙うのが一番だ。命中すれば、敵を阻止する確率が非常に高いからだ。

重要臓器

心臓や肺、肝臓など重要臓器の多くは胴体のかなり高い位置にあり、肋骨や厚い筋肉に保護されている。銃弾からはあまり守れないにしても、刃物や刺器、小型の鈍器なら防ぐことが可能だ。胸部に刺し傷や切り傷を負えば痛みも大きく不快だが、傷が浅ければ命とりになる危険は小さく、敵がそれで動けなくなることもないだろう。同じく胴体は、鈍器による損傷をかなり吸収する力があり、それほど重傷にはならない。

しかし重い鈍器で攻撃を受けると、肋骨が折れて呼吸困難に陥ったり、鎖骨が折れて、折れた側の腕を動かせなくなったりする。胴体は、鈍器で頭部を攻撃したあとのターゲットになることも多い。頭部をはずれて肩にあたっても、かなりのダメージになる。

下腹部には腸が、背部には腎臓がある。腎臓は攻撃に弱く、打撃を受ける

注意を向ける箇所

相手のどこか一点だけに注意を向けるのは避けたほうがよく、目はイラストの「X」マーク付近に向ける。周辺視力のほうが、直視よりも動きをよくひろえるので、実際には相手の顔をじっと見なくとも、相手の動きに気づける。

股間を殴る

股間への一撃で必ずしも戦いが即座に終わるわけではないが、敵はほぼ、身を守る体勢になる。前のめりになることが多いので、相手の体勢はくずれ、つぎの攻撃を受けやすくなる。

と機能障害に陥ることが多く、内出血の危険もある。一方、胴体前面への打撃は、それほど深刻な損傷にはならない。腹筋には内臓などをいくらか守る働きがあるし、下腹部への打撃も無力化するほどの負傷にはいたらないだろう。下腹部の出血は、脚につながる主幹動脈をはずれてさえいれば、胴体上部の胸腔での出血ほど深刻ではない。

股間への打撃は非常に深刻な結果になりかねず、実際のダメージがそれほどでもなくとも、大きな心理的効果を上げることが多い。股間に命中させるのはとても難しい。少なくとも、だれもがどれほど痛いかわかっているし、運動中のケガや戦いや、あるいは日常生活でぶつけたりして、股間をかばう経験は必ずあるだろう。少し頭を働かせれば、これを利用できる。股間を蹴ったり殴ったりすると見せかければ相手の注意を下に引きつけることができ、頭部が無防備になる。また、股間には大きな血管が走っているので、刺したり切ったりする攻撃には弱い。

胴体は刺器や発射性の武器でおもに狙うターゲットであり、鈍器ではあま

戦闘服

　ボディアーマーを貫通して大きな損傷を与えるような携帯武器は少ない。火器でさえ大半は貫通にはいたらないだろう。身体同様、兵士は頭上からの打撃に対しても十分に身を守っている。兵士に向かってむやみやたらと武器を振り回しても、うまくいく可能性は低い。しかし適切な訓練を積んでいれば、弱い部位を狙うこともできるだろう。

り狙わない。鋭器では一定の効果は上げられるが、有効打になるとはいえず、切り傷が浅く即座に敵を止められない場合が多い。

脚

　脚は携帯武器での攻撃が非常に難しい。かなり接近しなければならず、相手が攻撃して妨害する可能性があるからだ。脚を狙って接近しすぎ、攻撃しようとするうちに自分が頭を殴られては高くつく。脚にはまた大きな筋肉があってかなりのダメージからも守ってくれる。しかし、この筋肉を狙えば効果もある。相手の脚を警棒で殴れば、命にかかわるようなことはなくとも、相手をひるませ苦痛を与えることができる。

膝は、ある程度脚の弱点といえるが、ターゲットにするのはおもに正面や側面から蹴る場合だ。武器で攻撃するときは、命を奪うつもりがなければ、筋肉に切りつけたり打撃を見舞ったりするのがふつうだ。どちらも大腿部の内側に行えば、大腿動脈を切断し、すぐに出血する。脚を刺すのは偶発的な場合が多い。

武器がなんであれ、脚は最初に狙う部位ではない。狙うのは、相手を殺さずに無力化しようとするか、そこしか狙うところがない場合だ。

腕

腕は刃物や鈍器で狙うのがかなり容易だ。ほかの部位よりも攻撃側に近く、胴体や頭部より「外側」にあるので、なにかを振り回すような攻撃は、当然、胴体や頭部より先に腕にあたるからだ。腕は、刺したり撃ったりする攻撃では命中させるのが難しく、ターゲットに適していない。

腕は守る筋肉が少なく、骨格も脚ほどしっかりとしていない。このため、使えなくするのは簡単だ。鈍器で殴り腕の骨を折ったり、手を使えなくしたりするのはかなり簡単で、切りつけて腱を切断できなくとも、筋が断裂すれば腕は役に立たない。腕に切りつけると、とくに上腕動脈にあたると命にかかわる場合もある。この動脈は腕の内側にあって保護されているが、防御側が頭部をかばって腕を上げたときには狙えるし、攻撃側が勢いあまって自分で切ってしまうこともある。

手は命中させるのが非常に難しいが、偶発的にあたるか、あるいは大型の武器で慎重に「狙う」ことがある。指が折れたり手の甲が傷んだりすると武器をもつのが難しくなるので、命を奪わずに武器のからんだ対決に決着をつけるときには、この策が使える。

同じく、手でもったものもターゲットにするのは難しい。腕のたつ射手でさえ、またとない状況にあっても、敵の手にある銃を狙おうとはしないものだ。たまに、敵の武器をはたいたり撃ったりするチャンスに恵まれることもある。重いものを上から武器に振り下ろして相手の手からたたき落すような場合だ。しかしこの作戦は危険が大きく、通常はうまくいく見込みが高い場合にしか行わない。銃で撃つ場合の頭部と同じで、厳しい戦況においては、熟練の兵士や警官でも、頭部と胴など高い確率で命中するターゲットを狙うものだ。生きるか死ぬかの戦いのさなかには、難しい技を用いる余裕などない。

ピストルを使わせない

イラストの兵士は相手の横に回り込み、相手の腕と手首に強い力をかけている。武器を奪うときの「両手でハンドルを握る」のルールに従い、ピストルをもつ手を両手でつかんで動かせないようにしている。相手がもう一方の手でなにをするのであれ、ピストルを撃ったり、ナイフで刺したりさせないことのほうが重要だ。

腕は、鋭器や鈍器など弧を描くように動かす武器には主要なターゲットだ。最高のターゲットとまではいえないものの、武器をもつ腕を使えなくすれば、たいていの状況では相手は戦えなくなるだろう。

ダメージの軽減とダメージの排除

殴打されたいと思う者などいないし、武器で攻撃されるとあってはなおさらだ。しかし、攻撃され負傷する危険が大きい状況というものはある。負傷することを全面的に回避する「ダメージの排除」がいつも可能なわけではない。それが逆効果になることもある。勝つチャンスを見出すためには、ある程度、負傷するリスクを受け入れる必要があることが多い。

例外は、戦いから撤退するか逃れることができる場合だ。敗色濃厚なために退却するからといって不名誉なことなどない。当面の任務に関係のない戦いであればなおさらだ。軍の特殊部隊のチームにとっては、これは、接近戦で相手を倒そうとはせず、敵と接触を断つことを意味する。チームが敵陣地に関する情報収集に派遣されているのなら、追跡してくる敵を倒したからといって、いい情報が収集できるわけではない。追跡者に負ければ任務は失敗し、チームの兵士の命を犠牲にするかもしれない。このため、戦うよりも退却するほうがよいのだ。

また、警官は多くの場合、突撃するよりも支援を待つ。一般市民の命が危険にさらされているなど、この決断が難しい場合もある。しかし、大規模なチームなら収拾がつくことでも、たったひとりの警官ではその事件は終結しないうえに、もうひとり死傷者を増やすだけかもしれない。一般市民が武器を突きつけられたときも同じだ。一般人の大半が「すべきこと」とは、自分と、自分が守るべき人々の安全を確保することであって、必ずしも危険に積極的に対処することではない。そこから退却したり、相手を邪魔せず、あるいはなにもせずに走り去ったりすることが安全確保のための最善策であるなら、そうするほうがよいだろう。

負傷の排除

退却することで任務の遂行が可能であれば、負傷する危険はなくなる。しかし、戦うことが必要ならば、このリスクを受け入れて、まったく負傷しないようにする（ダメージの排除）のではなく、できるだけ負傷の程度を小さくする（ダメージの軽減）ことが大事だ。負傷しないのが理想的ゴールである点は間違いないが、軽傷なら受け入れて、重傷にいたらないようにすることが必要な場合もある。

銃撃を受けている兵士が、遮蔽物に飛び込んだためにケガをすることもあるだろう。そうだとしても、銃に撃たれるよりははるかにましだ。飛び込むことを躊躇し、切り傷を恐れてもたつけば、ずっと重い傷を負うかもしれない。個人の戦いでも同じだ。相手が武器を振り回しながら向かってきているとしたら、相手を倒すチャンスを作るには、殴られても仕方がないと思うことも必要だ。ダメージを受けたくない

攻撃の角度

アメリカ陸軍では、携帯武器を使用するにあたって攻撃の角度を大きく9つに分けている。No.5は正面から突進する場合であり、高低の調整をして重要臓器に合わせる。

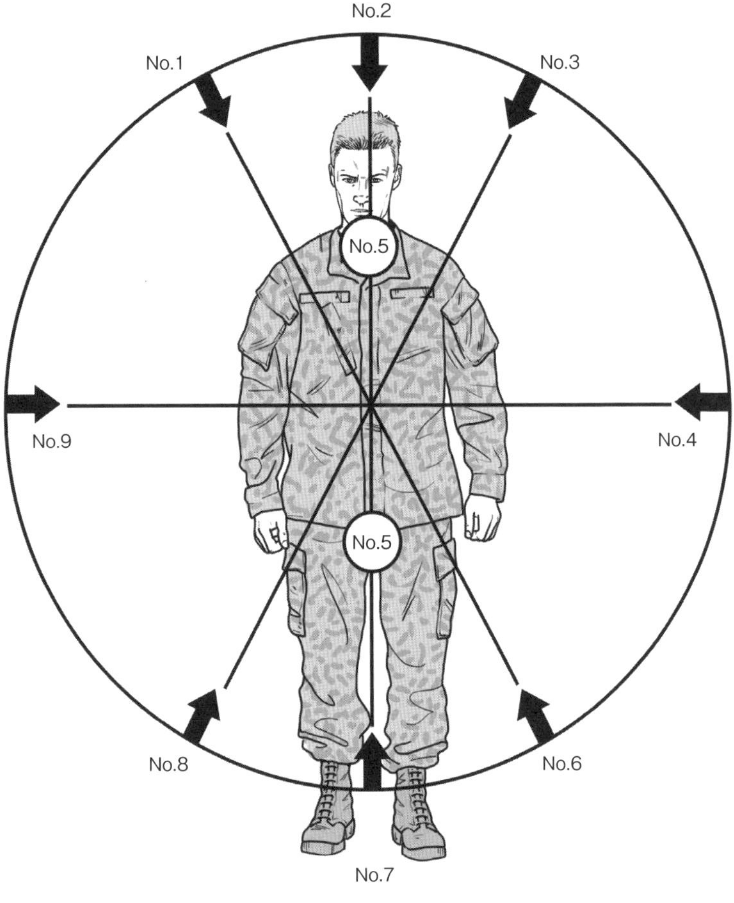

ために後退に終始するのは、自滅への道でしかない。

敵が攻撃するのに飽きて止めないかぎり、おそらくは武器を振り回しながら迫ってくる。後退してもなにも得られない。だが、ターゲットにされた側が殴打される危険も覚悟のうえで接近すれば、戦い、勝つチャンスもある。1発もくらわないというわけにはいかないだろうが、勝つため、またもっと悲惨な結果にならないように、ダメージを軽減させて受け入れることが必要な場合もある。

たとえば、首に切りつけてくるのを腕で妨害すれば、おそらく腕に重傷を負い激しく痛むが、致命傷は受けずに済む。つまり負傷の程度を抑えたために、まだ戦える状態にあるのだ。丸腰の兵士がナイフをもつ相手と戦い、命にかかわらない程度の傷を数ヶ所に負いはしたが、相手を倒したとすれば、戦いには勝ったのだ。ナイフから逃げるばかりでは、追われて攻撃されるだけだろう。

ダメージの軽減

これ自体は勝つための戦略ではない。敵が棒で殴っているときに丸く縮こまっていれば負傷の程度は軽くなるかもしれないが、相手が殴り続けるのを止めることにはならない。しかし武器を突きつけられている状況では、ダメージの軽減という戦略は、ダメージの排除よりも現実的な対応だ。負傷するリスクを受け入れ、勝つために、命に別条のない傷なら負う覚悟で戦えば、勝利する絶好の機会も作り出せる。

もちろん、武器をもった相手を、自分は負傷せずに倒すことも可能だ。そして、負傷を覚悟のうえで戦っているときのほうが、かえって無傷で済むことも多い。なにより、ダメージを受けることに精神的備えがない者は、負傷するとごく軽傷であっても混乱し、戦うのをあきらめてしまう点を忘れてはならない。

とにかく、ダメージの軽減という戦略は「できるだけ軽傷にとどめて戦い、勝つこと」であり、「まったく負傷しないようにする」ダメージの排除よりも、現実的で、通常は望ましい策なのである。これは、兵士が負傷したいと思っているというのではなく、負傷することを怖がらずに戦いに勝つことに専念している、という意味だ。武器による攻撃を受けたとしてもそれで勝てるのであれば、負傷することを恐れてまったく勝つ努力をしないよりはいいはずだ。

先制キック

　相手の手からナイフを蹴り落としてうまくいくのは映画のなかの話でしかない。しかし、敵の膝をキックすれば、敵の注意をそらして接近しナイフをもつ手をつかめるし、また脚の機能を奪い、ナイフが届かないところまで素早く退却することが可能だ。

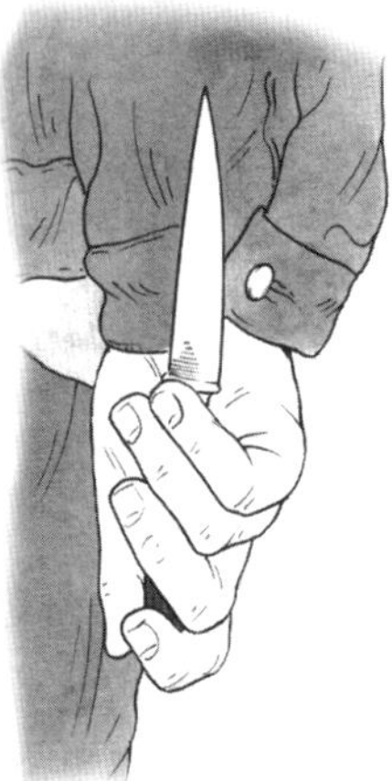

第3章

武力紛争においては、敵との接触とは銃撃戦が行われることであり、それは支援部隊の派遣など武力増強によって大規模化することが多い。

武器による威嚇と武器の使用

武器を携帯していても、すぐに使うのではなく、威嚇に用いる状況は多い。治安維持や法執行において、兵士や警官の武器携帯の目的は、威嚇と自衛が半々だ。しかし、威嚇と護身の両方の目的で用いられる状況もある。攻撃してくる容疑者を拘束しようとする場合、警官は武器を使用することになるだろう。だが警官が武器をもっていることで、相手が攻撃を思いとどまる可能性もある。

これはまったく積極的ではない、言い換えれば穏やかなタイプの威嚇だ。警官はおおっぴらに武器を所持しているが、さかんに撃って威嚇することはしない。「悪人」以外を脅すことはまずない。それでも、この警官と戦えば致死性の武器をもち出す、という暗黙の脅しがそこにはある。世界の紛争地域をパトロールする軍の兵士にもそれはいえる。兵士たちは地域住民とおしゃべりし平和維持に努め、その気持ちも振る舞いも友好的かもしれないが、彼らが所持する武器は、任務の妨害は許さないことをはっきりと表明するものなのだ。

こうした任務に携わる兵士の武器が威嚇するのは、邪な意図をもつ者だけだ。法を守る市民にとっては、その武器は安心の源である場合が多い。自分たちを守ることを務めとする人々が、

武器を使うのは、危害をくわえるためか、争いごとで「有利な交渉材料」とするためだ。

強盗

勝ち目がないのに戦うよりも、もち物を渡すほうがよい場合が大半だ。強盗が金や車を要求したとしても、命にくらべたら安いものだ。しかし、殺人や拉致が目的であれば、戦うほうがましだろう。

武装し目に見えるところにいる。この目立たない威嚇（安心でもある）は、平和維持や法執行や治安維持作戦において重要な要素であり、たいていの場合は暗黙のものだ。必要であれば武器は使うが、積極的に威嚇することはない。

致死性

積極的な威嚇となるとまったく状況が異なる。警官がサイドアームをもち出したり、治安任務につく兵士が武器を使わざるを得なかったりする場合は、彼らにとって非常に深刻な状況だ。法を無視した、あるいはあからさまな攻撃には、致死性の高い武器を使用する。ほかでも述べているように、武器があり、それが使われることが相手にとって確実な脅威となっている場合は、暴力を伴わずに事態を収拾可能だ。銃を奪われたり「先に銃を構えられ」たりすれば、相手は降伏し、たいていは、実際に銃弾を発射しなくても済む。

治安維持や法執行任務に従事する兵士に降伏すれば、通常は安全だ。世界には、警察や軍が残忍な政府の手先になっている国は存在するものの、大半の地域では、警官や兵士に銃を突きつけられ拘束されても、人道的あつかいを受けるだろう。警官や兵士が身に着けた制服は、多くは「善玉」であることのあかしなのである。

しかし、武装した相手に降伏して、まともなあつかいや生き残りさえも保証されない場合もある。路上強盗などに武器で脅されたときの簡単なルールがある。所持品を渡すのだ。武器を相手に命を危険にさらすことにくらべれば、安くつく策だ。しかし降伏してはならない。強盗が財布を渡せと命じ、それで満足する場合もあるだろう。だが、武器で脅して別の場所へ連れて行こうとしたら、強盗よりももっと深刻なことを目論んでいる。

武器が届く範囲から出ておく

火器以外の武器は、多くは届く範囲がごくかぎられている。その範囲の外にいれば、敵は近づいてこなければならない。これを戦術的に利用すれば、相手がどのような攻撃をするつもりなのか判断できる。相手の武器のもち方も大きな手がかりだ。また、近づいてくる相手を殴ることもできる。脚に打撃を見舞って離れ、相手との間合いをうまく利用することも可能だ。近づこうとして相手が動くたびに身体的にも精神的にも消耗する分、自分の方が優位に立てる。

保証はない

　もち物を渡したからといって、相手が危害をくわえないという保証はない。犯罪者のなかには、欲しいものを奪ったあとで獲物に切りつけたり、刺したりする輩もいる。このため、もち物を（手渡すのではなく）放り投げて、さっさと逃げるのが妥当な手だ。

逃げるタイミングを計る

　切迫した理由があって武器をもつ相手と戦うのでなければ、逃げるのが一番だ。要求されたものを放り投げ、相手がそれを拾うときに走り出す策も有効だ。攻撃側は奪ったものを拾って相手を先に走らせるか、それともすぐにあとを追うか、選ぶことになる。これで違いが出ることもある。

　武器をちらつかせる者は、たいていはすぐに危害をくわえるつもりではなく、なにかを要求しているのだ。危害をくわえる目的で武器を使う場合、大半は最初に脅したりはしない。暗殺めいた行動をとるものだ。殺害目的でナイフをもつ者は、通常はそれを隠し、獲物に抵抗する間も与えず刺そうとする。金が欲しい（死体から奪うつもりはない）のであれば、武器をちらつかせて要求してくるはずだ。

これは、相手が武器を振りかざしなにかを要求しても、その武器を使わない、という意味ではない。攻撃を受けている場合はなおさらだ。ナイフで刺されるといった武器による負傷は、多くはケンカがエスカレートしたときに起こっている。また強盗がうまくいかずにそうなる場合も、口論で負けそうだと思った側が、武器をもち出してそうなることもある。実際には武器を使うつもりがない場合が多いのだが、いったんスイッチが入ってしまうと武器のことしか頭になくなる。ナイフを手にしていれば、キックやパンチを繰り出すことはせず、切ったり刺したりしてしまうのだ。

このため、武器で脅されているときに「実際に戦う」事態になれば、相手が武器を使ってくることを理解しておく必要がある。「お前にやれはしない・・・」というのが最後の言葉となった例はあまりに多い。警官は、武器を手にしたケンカは落ち着かせ、できれば武器につかみかからずに事を収めるよう教わっている。しかし相手が武器をどうしても使うつもりであれば、それにまさるのは銃撃しかない。武器をもつ相手に徒手格闘のスキルを使ってタックルすることは、例外なく非常に危険なため、できるかぎり避けるべきだ。脅されたら、逃げる、交渉する、もち物を渡す、武器を奪って攻撃を阻止するなど、いくつか選択肢がある。しかし、相手がすでに武器を使いかけているか、あるいは相手の要求が受け入れがたいものであれば、命にかかわるほど危険な状況だととらえるべきだ。

武器の保持

近接した銃撃戦でも、敵が兵士の武器をもぎとれるような機会はほとんどない。しかし、白兵戦や住宅の掃討作戦で行われるような至近距離の戦いでは、敵が武器を奪おうとする可能性はつねにある。

日本の武術の一部で手首をつかむ攻撃にこだわるのは、このためだ。侍は刀を帯び、事が起こればすぐにそれを抜く。これに対する最善策は、刀を抜けなくすることだった。侍の手首をつかみ、刀を取り出せないようにするのだ。一方で、こうなると命を奪われる危険が大きいことがわかっているため、侍は、手首をつかまれないよう十分に訓練を行った。

激しい殴り合いでは、手首をつかもうとすることはまずない。ひとつには、手をつかみ、つかんだままにしておくのが難しく、また手首をつかんだところでたいした妨害にはならず、顔にパンチをたたき込むほうがよほど効果があるからだ。このため、一般市民が護身用に相手の手首をつかむ訓練をして

武器の保持

軍の兵士や警官は、体に攻撃を受けていても武器を保持できる訓練を受けている。これは生き残るためには欠かせないスキルだが、残念ながら、つねにうまくいくとはかぎらない。警官が自分の武器で殺害されることもときにはあるのだ。

役に立つのは、「迷惑行為」の類の低レベルの脅しか、家庭内暴力に対処するときくらいだ。家庭内暴力では、手首をつかんで相手を従わせようとすることがあるからだ。しかし武装して任務遂行する兵士や警官にとっては、手首をつかんだりつかまれたりする行為は、もっと大きな意味を帯びる。

戦いたくない

　第二次世界大戦中の軍隊経験について調査すると、おどろくほど多数の兵士が、交戦中に自分の銃を撃っていない。臆病だったわけではない。事実、多くの兵士が、負傷した仲間を助けるために大きな危険を冒しており、敵を撃つこと以外は、大半が戦闘に積極的に参加していた。こうした兵士は、ターゲットを選び、銃に装填して部隊の「射手」に手渡し、また敵の銃撃に向かって前進するのを厭わなかった。しかし、人を傷つけようとはしなかったのである。

　小規模部隊の戦闘では「射手」の人数が非常に重要な要素であり、部隊の射手を増やすべく、戦後の軍事訓練には手がくわえられた。人を傷つけることを厭う人間の自然な感情を、兵士が抱かないよう工夫されたのだ。兵士をモンスターに変えるのではない。なすべき仕事を行えるようになるだけだ。撃つことが必要な場面か、そうではない場面かを判断する点は変わらない。違いは、射撃が必要なときに兵士が銃を撃つことができ、またそうしようとする点だ。

武器を使えないようにする

　武器を使わせないスキルは、相手の手首をコントロールすることを伴うものがほとんどだ。訓練を受けていない相手でも、警官や兵士が武器を引き抜いたり使ったりするのを邪魔しようと、その前腕や手首をつかんでくる。武器の保持訓練では、相手のこうした動きに対応するスキルを学ぶことが不可欠だ。警官であれば、訓練を積み、つかまれた手を振りほどき相手を押しやって武器を使えるようにし、また、自分の武器で命を脅かされることがないよう対処できるようになる。

　武器の保持スキルは、もち方に関係なく、また火器にかぎらずあらゆる武器に使える。一番の基本は、敵と距離をおくことだ。このため、建物のなかを移動する兵士や警官は、顔に近づけたり、天井に向けたりしては武器をもたない。これはテレビや映画ではよく見るもち方だが、おそらくは緊迫感を増そうと、俳優の顔と武器をアップにしたのだろう。ピストルを使用する警官や兵士は、ピストルをつねに低く、体につけてもち、もう一方の手でドアを開けたり、不意に現れた敵をはらいのけたりできるようにしている。

武器をもっているときに敵につかまれ、押しのけたり、武器で一撃して敵を妨害したりすることができない場合は、武器をもつ腕を強くひねり、ぐいと引っ張って敵の手から逃れる。武器を動かせないと、敵がたまたまその武

武器を確保する

適切な訓練を受けた兵士や警官は、敵を倒したからといって、そのすぐそばに武器をおいたままにはしない。少なくとも、武器を蹴って手の届かないところにやる。敵がなんとしても武器を手放そうとしなければ、
使わせないためには指をふみつけるしかないだろう。

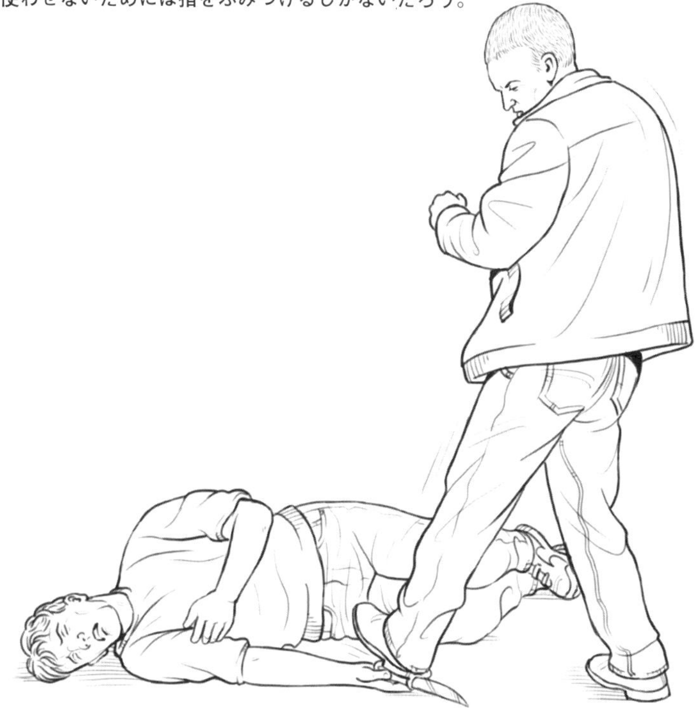

器で自分を突き刺しでもしないかぎり、たいして役には立たない。火器であれば、向く方向によっては、それを手にする者や敵、あるいは身近にいるだれであれ厄介なことになる危険がある。しかし火器を動かせず、だれを向いているのでもなければ、実質危険はない。

武器を自由に動かせるようになると、ほぼ間違いなく、それを手にした者はすぐに使う。敵から銃を奪おうとして失敗したとたんに、銃を使えるようになった相手は撃ってくる。刃物であれば、自由になれば切りつけてくることが多いし、タイミング悪く刃物を急に動かしたりすると、刺されることもある。だから、武器を使えないようにしておくことがなにより重要である点は間違いなく、また実際に相手から奪い取ることも同じくらい大事だ。

武器をもたず、相手の武器を動かせないようにしたり奪おうとしたりする者にとっては、「両手でハンドルを握る」ことが基本ルールだ。両手で、武器や、武器をもつ腕を制御するのだ。もう一方の手で頭を殴られるのは嫌だろうが、ナイフをもつ手を自由にさせればもっと悲惨な結果になる。武器を奪うテクニックは、見ているかぎりは

ピストルを奪う

どの軍でも、武器を奪うテクニックのひとつとして、相手の手からピストルをひねりとるスキルを教える。手首をそれ以上動かないところまでねじると、相手はピストルを手放す。このとき、ピストルは銃身をつかみ、危険な方向に向けないようにする。

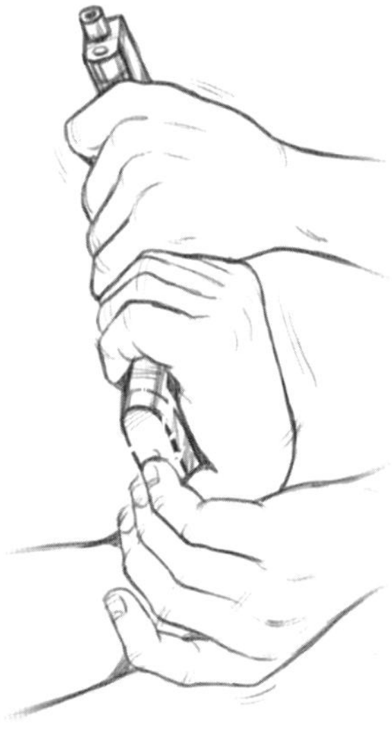

法執行官のヒント――武器を確保せよ！

　相手から武器を取り上げたら、それを確保すること。自分でもっていられないなら、少なくとも相手から遠ざけ、使えないところにおく。なにかの下に蹴り込むか、手の届かないところまで蹴って、絶対に、武器を敵のそばにおいたままにしないことだ。相手があきらめているように見え、動けないようであってもそうだ。武器はだれにでも使える。敵が瀕死の重傷であっても、こちらを背後から撃つことはできるのだ。

簡単そうだ。しかし実際には、どんな手も繰り出す、ぞっとするような争いとなりがちだ。とはいえ、うまくいきさえすればいいのである。

「卑劣な手」

　たいていの人は武器にばかりこだわって、それに組みつくことしかしない。それでうまくいくこともあれば、いかないこともある。だが訓練を受けた兵士となると、やみくもに武器を奪いあうだけではなく、殴ったり膝蹴りを見舞ったりして、武器を奪おうとする相手の注意をそらしたり、空いたほうの手で相手を押しやったりする。こうしたときには、「卑劣な手」もよく使われる。

　たとえば、空いたほうの手で相手ののどや目を押しやり、自分が武器をもつ手から相手を遠ざける。あまり気分のいい手段ではないだろうが、敵に武器を奪われるよりはましだ。武器を奪い取ろうとするときにルールはない。そしておそらく敵は、奪った武器で自分や周囲の人々を殺すつもりなのである。

安全に、効果的に訓練する

　武器対武器、あるいは武器対徒手の戦いの訓練（どちらも、武器の保持や武器を奪うためのもの）には危険がつきものだ。訓練で「本物」の武器を使わない点は、一番明確にしておくべきルールだ。

　武器保持や武器を使わせないための訓練に、装填済みの火器を使うなどばかげているとしかいいようがない。空砲射撃が訓練の役に立つのは確かで、銃を発射すればそれとわかり、訓練生は自分のテクニックが通用したのか評価することができるし、またこの訓練

ライフルを突きつけられた場合

前に出した手でライフルをはらう。この手が一番ライフルに近く、素早く動かせる（A）。ライフルを少し脇にやって、撃たれないようにしさえすればよい。それから腕でマズル後方を抱え込み、動かせないようにする（B）。そして股間への打撃を見舞う（C）。

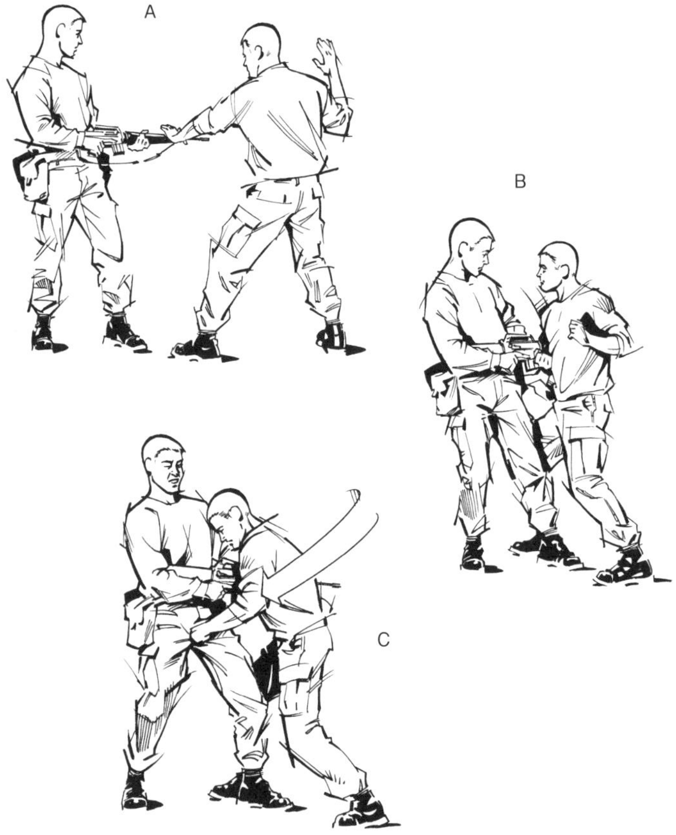

では発射時の突然の大音量にも慣れることができる。しかし空砲は、至近距離の訓練では危険な場合があるため、それなりの資格をもつ教官のみが行うべきだ。

本物の（鋭利な）ナイフやその他の携帯武器も使うべきではない。本物の武器を使用しなければ現実に即した訓練ではないという主張もあるが、負傷するばかりか命にかかわるリスクが大きすぎる。刃先が鈍い金属製の訓練用ナイフを使えば、本物のナイフに近い感覚を得られて訓練には最適だ。柔らかいゴム製の武術用ナイフでも役に立ちはするが、こちらは現実に即しているとはいえない。

本物の鈍器を訓練に使用することもあるが、偶発的に負傷する危険が伴う。このために訓練生が過度に慎重にならなければいけないようであれば現実的ではない。あるいは、医師による治療が必要となることもときにはある。だから、パッドのついた武器のほうがよい。使う側は本気を出せ、打撃を受ける側は痛いだけで負傷することは少ない。

訓練の重要性

武装戦や徒手格闘のインストラクターがよく言うのが、「実戦では訓練通りに動くものなので、現実に戦っているつもりで訓練しなさい」というせりふだ。もちろん、訓練を現実とまったく同じにすることはできないが、武器を使った訓練ではできるかぎり、テクニック面にくわえ、戦いにおける緊張感も経験できる必要がある。再装填や忘れずに武器の安全装置をはずすといった簡単な作業でも、緊張下では非常に難しくなる。こうした動きは無意識にできるくらい身につけておく必要がある。

また、十分に知識を備えていれば、なにか問題が生じてもすぐに解決策を考えつきそうにも思えるが、戦いのさなかでは思ったよりも難しい。緊張感と、生き残りのための戦いで体を酷使し酸素不足に陥った結果、ほかのときなら簡単なことでも、思いつくことができなくなる。すぐれた訓練では、たいていの状況に効果のある簡単な方策をいくつか教えておくので、こうした事態も切り抜けられるのである。

武器を使用して訓練するさいのルールはこうまとめられる。使用する装備が非常に危険なために、現実的ではないほど慎重に訓練をすすめなければならないなら、これは逆効果だ。一方で、訓練時の武器は十分に現実性を備え、本物の恐怖感を与えるものにしなければならない。すぐれた武器訓練に欠かせない要素とは、大きな脅威に直面したときの緊張感と恐怖心をシミュレートしている点だ。子ども用バットやラバーナイフでは、この要素を満たせるとはかぎらない。もちろん、多くは訓練のパートナーしだいだ。「攻撃者」

訓練の現実性

訓練はできるかぎり重傷を負うリスクを小さくする一方で、現実的に行うことが重要だ。イラストの訓練では、攻撃側がバットを振り回すのに手加減しておらず、かなり攻撃の意思は強い。このためこうした訓練では、防御側はブロックと、それと同時に相手を倒す動作にも自信をつけるのである。

が本気で負傷させようとしているように見えれば、受け手の恐怖や不安は劇的に増すのである。

どの武器にもそれぞれの特性はあるが、大別したなかで共通する原則はある。たとえば、警棒は大きく分ければ棒類であり、相手に損傷を与えようとすれば振り回す動作が必要だ。しかし、長さが、その動きで効果を上げるかどうかに大きく影響する。武器の重さとかさ、大きさが非常に重要な要素にもなりうる。非常に重い、あるいは大型のものは、接近戦ではあつかいづらい。一方ナイフなどごく小型の武器は、長い武器にリーチで劣る。

第2部　武器の使用

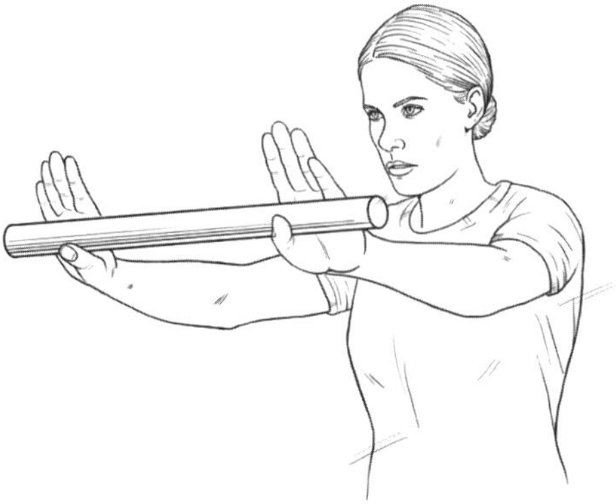

第4章

鈍器はおもに、運動エネルギーを移動させることで威力を発揮する。ターゲットにおよぼすダメージは、その重さと大きさと、衝撃を与えるときのスピードで決まる。

鈍器

鈍器には柔軟さをもち、しなる動きが衝撃にくわわるものと、柔軟さはなく、ただ激しくぶつかるものがある。かなり小型の鈍器でさえも、十分な重さがあれば一撃に大きな力がくわわり、ターゲットの体の筋肉や脂肪が薄い部位にたたき込めば、痛みが生じる。鈍器はこのため、コントロールと抑制のテクニックに非常に役に立つ。強くあたれば骨も折れるが、これには大きく振り回すだけのスペースがあり、うまく力が伝わるよう体を動かす必要がある。

鈍器は、通常は振り回してたたきつけるのに使うが、押したり突いたりする攻撃も可能だ。突けば、敵の不意をつくことが多い。

鈍器以外の武器には、攻撃するときに体勢がくずれていても効果を上げられるものもあるが、鈍器を使うときにはしっかりとした姿勢をとらないと効果がない。バランスがくずれていると、体のぐらつくところに武器のもつエネルギーが一部逃げてしまい、打撃の力は弱くなってしまう。打撃に体重をかけ、より大きな力をくわえて、鈍器を振り切るのが理想だ。できるだけ強く鈍器をたたきつけるだけではなく、ターゲットを打ち抜くようにするのだ。

棒類

棒類にはさまざまな形状のものがある。脇から指先くらいまでの長さのも

片手で鈍器をもち攻撃する構え

鈍器で攻撃する場合、通常は利き手ではないほうの手足を前にした構えをとる。こうすれば敵は武器をつかみにくくなるし、一打に力もくわわる。状況によって構え方も変わるが、前に出した手で、近づいてくる相手をはらいのける場合が多い。

のが最適だと思っている人は多いが、戦いのさなかに地面にあるものを拾って使う場合には、完璧な長さの武器を選べるとはかぎらない。それでも、棒を使った戦いのスキルは、似た形状の武器の大半に共通する。つまり、棒を使った訓練は、非常に用途が広いスキルが身につくということだ。どこに行くにも棒を携帯するというわけにはいかないが、スキルを身につけておけば、棒代わりに使えるものは、いつでも見つかるだろう。

基本的な、簡単な棒タイプのほかには、サイドハンドルのついた警棒や、伸縮式警棒などがある。大半は棒をあつかう基本的なテクニックがあれば使え、それ以外の使い方もできるものだ。たとえば、サイドハンドルつきの警棒は相手にひっかけたり、ハンドル部を握ってもち、前腕で攻撃をブロックしたりできる。とはいえ、警棒類は、相手をたたく場合に使うのが一番だ。

棒を使う場合、棒の先端から３分の１ほどの一点で打撃し、棒の全長を活用しようとしないことが多い。だが熟練者は「先端をくい込ませる」ようにして使う。手首の動きを利用して棒の先端で打撃を行うのだ。これは、いくらか柔軟性をもつ棒の場合に一番効果がある。しなる動作でより力がくわわるからだ。

フォアハンドの打撃

棒による攻撃で一番基本的なものはフォアハンドの打撃だ。側頭部や肩、腕に向かってななめ上から振り下ろす。脚も狙えるし、また、これで敵の手から武器をはたき落とすこともできる。水平に振れば肋骨にたたき込めるし、上向きにすれば腕の裏側にあたる。一番多いのは下向きの打撃だが、これは力を込めやすい動きができるのにくわ

教官のヒント――近づくのはほんとうに攻撃するときだけ

打撃が届く距離に身をおくのは、相手を攻撃できるから。それしか理由はない。すぐには攻撃するつもりがないか、相手に自分が攻撃するところだと思わせたいだけの場合は、その範囲から出ておくことだ。殴打できる距離にいて何もしないでいると、まったく戦うスキルがない相手が放った一撃でも、たまたま命中してしまう危険もある。

両手で武器をもつ構え

両手で武器をもつ構えで一番多いのが、片手の場合と同じく、利き手ではない側を前に出す姿勢だ。正面近くを向いた「ニュートラルスタンス」にすることもあるが、その場合は、武器があまり威嚇的に見えないようにするためだ。

フォアハンドの打撃

基本的なフォアハンドの打撃は簡単な動作だ。通常は、右肩の上からななめ下に、手首を使って前方に棒を「回す」ように振り下ろす。はじめに上を向いていた棒は、ターゲットに近づくにつれ前を向く。軽い鈍器の場合は、スナップをきかせることで速度が増す。

バックハンドの打撃

バックハンドの打撃は、利き手ではないほうの肩の上から腕を勢いよく伸ばし、ターゲット直前で手首を返し棒のスピードを増す。

A

え、重力も利用したものだ。

バックハンドの打撃

バックハンドの打撃も、フォアハンドと同じような部位をターゲットにななめ上から振り下ろす。フォアハンドの打撃に失敗したあとに続けて行うことが多く、これは、勢いのついた武器がバックハンドの打撃をはじめる位置にきているからだ。スキルのない者がやたらと、フォアハンドとバックハンドに交互に振り回しているだけのことも珍しくない。脅すときにバックハンドの構えにする場合もある。

バックハンドの打撃は、フォアハンドと同様、水平や上向きにも行える。

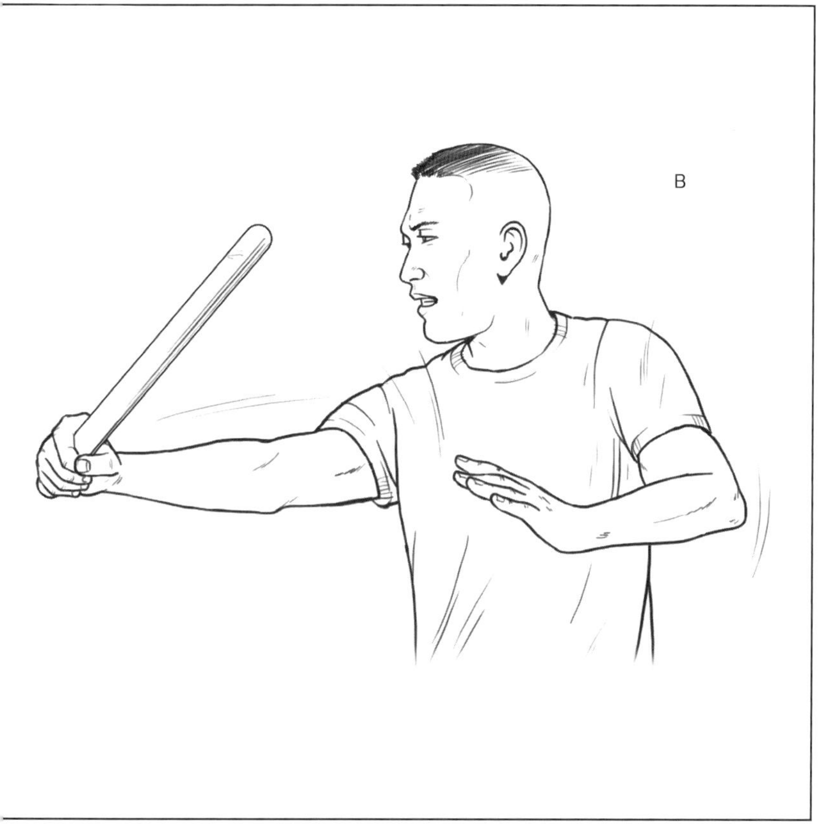

両手で押し出す攻撃

両手で棒の両先端を握って腰の高さにもち、もっと高度な打撃を行う場合もある。この体勢からは、片手を離して振れば、どちらの手からもフォアハンドの攻撃を行える。さらに、棒を下から前方に、相手の顔めがけて突っ込むこともできる。衝撃はあまり大きくはないが、相手は不意をつかれ、激痛が走る。相手がたじろいで後退すれば無防備になり、棒の一方の先端部で、頭部にフォアハンドの打撃を放てる。

銃剣タイプの打撃

両手で武器をもち打撃を見舞う場合は、銃剣つきのライフルと同じようにもち、先端を相手の肋骨に突き出してもよい。これで決着がつくわけではないが、敵は息ができなくなって前のめりになるか、防御の体勢がくずれる。第二次世界大戦中にコマンドーが教わったのは、この打撃に続き、両手で警棒をもったまま、あごに下からジャブを放つもので、この攻撃で敵が命を落とすことも多い。

棒による突き

棒は振り回す武器だと思っている人には意外だろうが、片手の突きにも使える。胸への一撃は痛みが激しく、続く攻撃に無防備になる可能性もある。顔に突きを受けると、通常はたじろぎ、手や武器で頭をかばおうとするので、棒を横にはらって胴に打撃を見舞うとよい。

拳で打撃を行う

掌底から突き出るくらいの短い武器があれば、「拳槌」タイプの打撃を行うのに使える。これは、相手と接近し、

両手で押し出す

棒を押し出す打撃は、顔やのどに激しい一撃を繰り出すときに使う。それだけで決着がつくことはめったにないが、敵はたじろぎ、つぎの攻撃に無防備になるだろう。この一打は、両手で武器をもち、ニュートラルスタンスから放つことが多い。

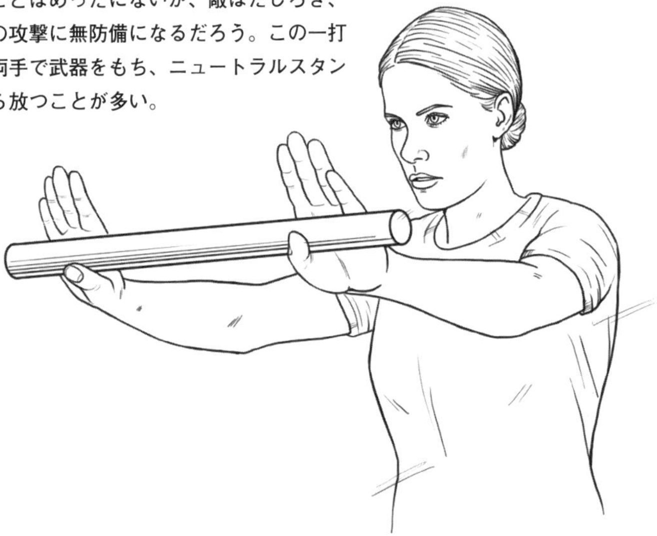

武器を振り回すスペースがない場合に一打を放つのに向いている。通常は上から下へ、あるいはバックハンドで、頭部や肩に向けて打撃を見舞う。

斧、鎚矛《つちほこ》、バット類

ごく一般的な警棒タイプより大型で重いものや、衝撃力を増すために一方の側に重みをくわえた鈍器もある。斧は、軽い刃物類とは違い、振り回す武器の多くと同じようにして使うので、鈍器類とする。もちろん消防斧も斧タイプの武器だが、シャベル類も即席の斧といえる。「鎚矛」タイプの武器には、大型のレンチなど重い工具も入る。

重い武器の多くは両手でもって振り回し、通常はフォアハンドでななめ下や、あるいは頭上からまっすぐ下に向けて振り下ろす。この種の重い武器をもつと、利き手ではない側を前に出しているのが一般的だ。右利きならば、左足を前に出し、右から左へと振り回す。バックハンド攻撃の場合は両手でもち、少し慎重になるが、フォアハンドに続けて行うことも多い。

一般に両手でもつ場合は、打撃に失敗しても、片手もちの場合よりも「体勢を立て直す」のが簡単だ。このため、シャベル類を両手でもって武器にしているときは、思ったよりもずっと早く攻撃や防御の体勢に戻れる。

このタイプの武器でも軽いものは片手でも使える。レンチや手斧、スパナなどを片手で振り回せば棒類と同じような動きになるが、振り回すには棒よりも大きな力がいり、ターゲットにあたらなかったときに、すぐには止められないことが多い。このため、ターゲットが重い武器の一撃をよけることができれば、相手は武器を大振りしてしまい反撃を受けやすくなる。

両手で武器をもちフォアハンド攻撃を行う

両手で武器をもち行う打撃は、通常はななめ下に向けるか、平坦に近い弧を描くようにして体に向ける。これには大きく振りかぶる必要があるので、敵は警戒し、武器をよける余裕もできる。攻撃するときには足を前に踏み出して全体重を武器にかけ、これがうまくあたれば威力は大きい。

両手で武器をもちオーバーヘッド攻撃を行う

両手で武器をもつと、本能的に、頭部めがけてまっすぐに振り下ろそうとするものだ。こうすると、通常はどんな攻撃をするのか一目瞭然であり、いったん振り上げると振り下ろすしかない。ターゲットをはずせば武器は地面を打ち、体勢を立て直してまた攻撃するには時間がかかる。オーバーヘッド

両手で武器をもち前に向けて攻撃する

顔、胴体や股間を突く攻撃に使える。一打に体重をかけることが重要だ。相手はたいてい、武器を振り回して攻撃してくると思っているので、この動きには不意をつかれるだろう。

両手で武器をもちオーバーヘッド攻撃をする

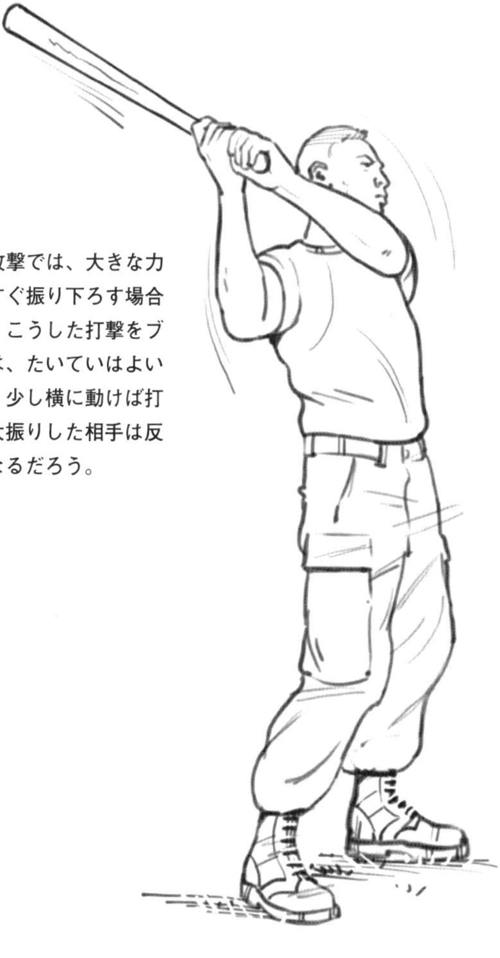

頭上からの攻撃では、大きな力をかけ、まっすぐ振り下ろす場合がほとんどだ。こうした打撃をブロックするのは、たいていはよい方策ではない。少し横に動けば打撃ははずれ、大振りした相手は反撃に無防備になるだろう。

の打撃は、うまくいく距離まで突進して見舞う場合が多く、非常に攻撃的だ。

両手で武器をもちバックハンド攻撃を行う

バックハンドの打撃は、両手でもつ武器では少々やりづらく、ターゲットまでの距離を見誤ってはずしてしまうことも多い。通常は、フォアハンドの打撃に続けて行うので、武器を体の前で８の字に動かすことになる。

ライフルの銃床

接近戦では、銃剣を装着していなくとも、ライフルやその類の武器が役に立つ。重くて固いため、攻撃にも防御にも使える。ライフルを使うときには、両手を、それぞれライフルの両端近くにおいているため、ライフルを大振りせずに力を込めた一撃を見舞うことができ、また手の位置を変えずに射撃に

両手で武器をもつフォアハンドの一打

両手で振り回すと、片手の場合と同じ軌道ではあるが、リーチは短い。利き手ではないほうの手も武器に添えることで届く範囲は狭くなるが、伝える力は大きくなる。

両手で武器をもつバックハンド攻撃の構え

両手で武器をもちバックハンド攻撃をしようとすると少々無理があるため、通常は、ほかの攻撃にするほうが多い。しかし非常に威嚇的であるため、無意識にこの構えにする場合もある。

両手で武器をもちオーバーヘッド攻撃をする

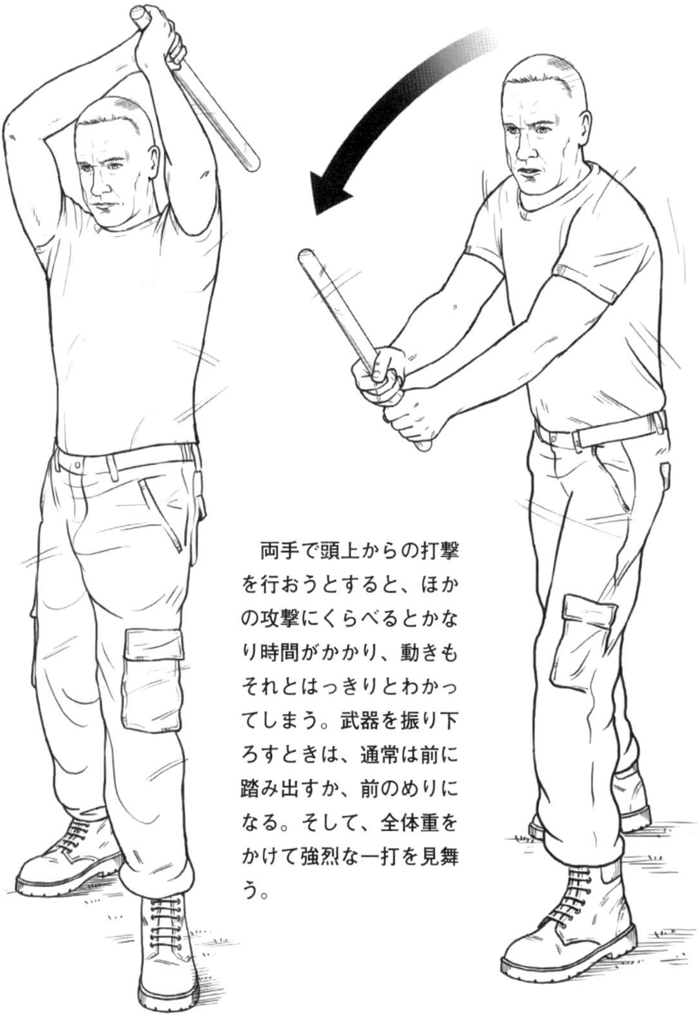

両手で頭上からの打撃を行おうとすると、ほかの攻撃にくらべるとかなり時間がかかり、動きもそれとはっきりとわかってしまう。武器を振り下ろすときは、通常は前に踏み出すか、前のめりになる。そして、全体重をかけて強烈な一打を見舞う。

両手で武器をもちバックハンド攻撃をする

両手で武器をもちバックハンド攻撃をする場合は、スイングしながら利き腕をまっすぐ伸ばすことで大きな力をかける。利き手ではないほうの手を武器に添え、ターゲットにあたる瞬間にしっかりと支える構造になるため、十分に体重をかけることができる。

切り替えることもできる。

ライフルは「警棒」としても使える。両手で銃身をもって大型の警棒代わりに振り回す方法もあるが、これはおすすめできない。ひとつには、銃を前後逆にもちかえないと撃てないし、マズルが自分の方を向いてしまう場合もあるからだ。これは絶対にやってはいけ

銃床によるフォアハンドのストローク

銃床を使ってフォアハンドの打撃を行うときは、体重を銃床にかけながら前方に向け振り下ろす。マズルを利き手ではない側の肩の上に振り上げ、それから銃床を勢いよくターゲットに打ちつける。打撃を終えたら、ライフルはすぐに元の位置に戻す。

ないことだ。ライフルを警棒代わりにすると、トリガーが自分よりも敵に近い位置にあり、厄介なことになる可能性が高い。

訓練を積み、性能のよい火器を装備した兵士はこうした攻撃はめったにしないが、たまに、こういう相手にぶつかる。絶望的状況に陥ったりスキルが

なかったり、あるいは激高したりして、ライフルやショットガンのマズルを握って振り回すような相手は面倒だ。つぎになにをするか予測がつかないからだ。

銃床によるフォアハンドのストローク

ライフルの銃身やグリップや、銃床の底部をもち、短い弧を描くようにライフルを前方に振り出す。銃身の先端部は自分の肩の上に引き上げ、その位置から銃床をもつ手（通常は右手）を前に押し出す。頭部をターゲットにすることが多いが、ボディブローも効果が高い。

銃床でジャブを見舞う

ライフルの銃床で、通常は下に向けて突く。この攻撃は顔や体に向け、相手をうしろに押しやるか、負傷させるためのものだ。銃身を自分の利き手ではないほうの肩（通常は左）の上に振り上げ、前方下に向けて突き出すので、フォアハンドの打撃のあとに続ける場合が多い。このあとライフルは射撃の位置に戻す。

鈍器での防御

鈍器を防御に使う場合、おもにふた通りの方法がある。攻撃をブロックするか、相手が武器をもつ腕に打撃をくわえるのだ。これは先に述べた妨害の一例で、なんらかのかわしの動作と一緒に行う場合が多い。腕に打撃を見舞えば、相手は戦えなくなるか、少なくともつぎの攻撃を受けやすくなるだろう。

相手の武器をもつ腕への打撃は、隙をついて行う攻撃的防御であり、防御側は警戒をおこたらず、武器を使う準備もしておく必要がある。武器を使うときの腕の動きは速いので、その腕への打撃にはある程度のスキルが必要だが、少なくとも相手の武器が動く道筋は予測可能だ。この種の反撃は、フォアハンドやバックハンドの一打といったごくふつうの攻撃でよく、攻撃途中の敵は、おそらくはすぐには防御体勢をとれないので、防御側に有利だ。

防御にもっと一般的に使われるのが、相手が繰り出してきた攻撃を、鈍器でブロックするものだ。鈍器を打撃の道筋におくだけのことだが、目を配るべき基本原則がいくつかある。手に力を込められるかどうかは、その向きによって異なる。このため、ブロックは「力が入る」方向へと向けて、鈍器を落とさないようにすることが必要だ。

たとえば掌を下に向けて棒類をもっているときに、相手が武器を勢いよく振り下ろしたとしたら、棒を手放してしまうこともある。掌が下に向いていなければ、棒は手から落ちづらいはずだ。

ブロックする場合は、相手が放った一撃を、親指と他の指のあいだで受ける向きに手をおく。ここから手の上の前腕に伝わり、そこで衝撃の多くが吸収されるので、武器がもぎ取られて手から離れるのを防げる。

防御のための構え

とくに素手の相手に対して棒類で防御する場合、相手と距離をおき、棒を脅しに使うという手がある。警察の部隊の多くでは、防御の構えを標準的な姿勢とする。警棒をフォアハンドの打撃の体勢で「構え」て自分の肩の上にのせ、攻撃すればどうなるか、相手にはっきりわからせるのだ。この位置におけば、相手は警棒をつかめないし、

防御のための構え

警官や治安部隊の兵士がよく使うのが、防御の構えだ。前に出した手は防御のためだけのものではない。心理的防壁であり、こちらに従えという圧力をかけ、また相手との距離を保つためのものだ。近づいてくる敵には、手を前に出して警棒で殴打するのにちょうどよい距離をとり、相手の「動きを止める」こともできる。

力を込めやすい方向、込めづらい方向

手には、力を込めやすい方向がある。イラストAでは、防御側の手が力を込めやすい位置にあり、受けた力は掌で吸収するため、一打に十分対抗できる。イラストBでは、力はおもに親指とは反対の方向に向くため、武器を防御側の手から引きはがすことができる。この体勢で防御して大きな効果を上げることも多いが、力を出せない方向に手が向いているときは、武器を落としてしまう危険が大きい。

A

B

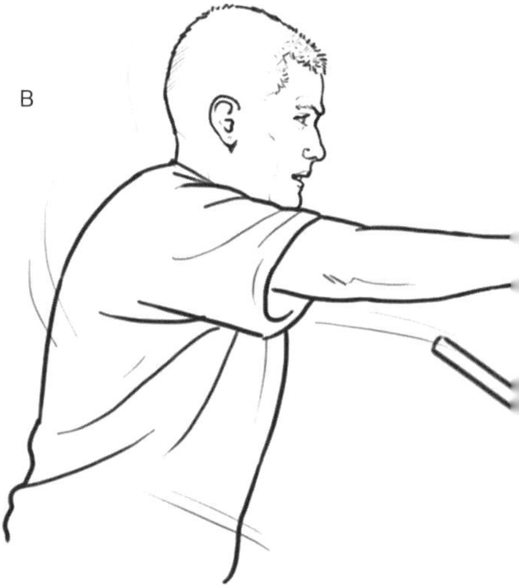

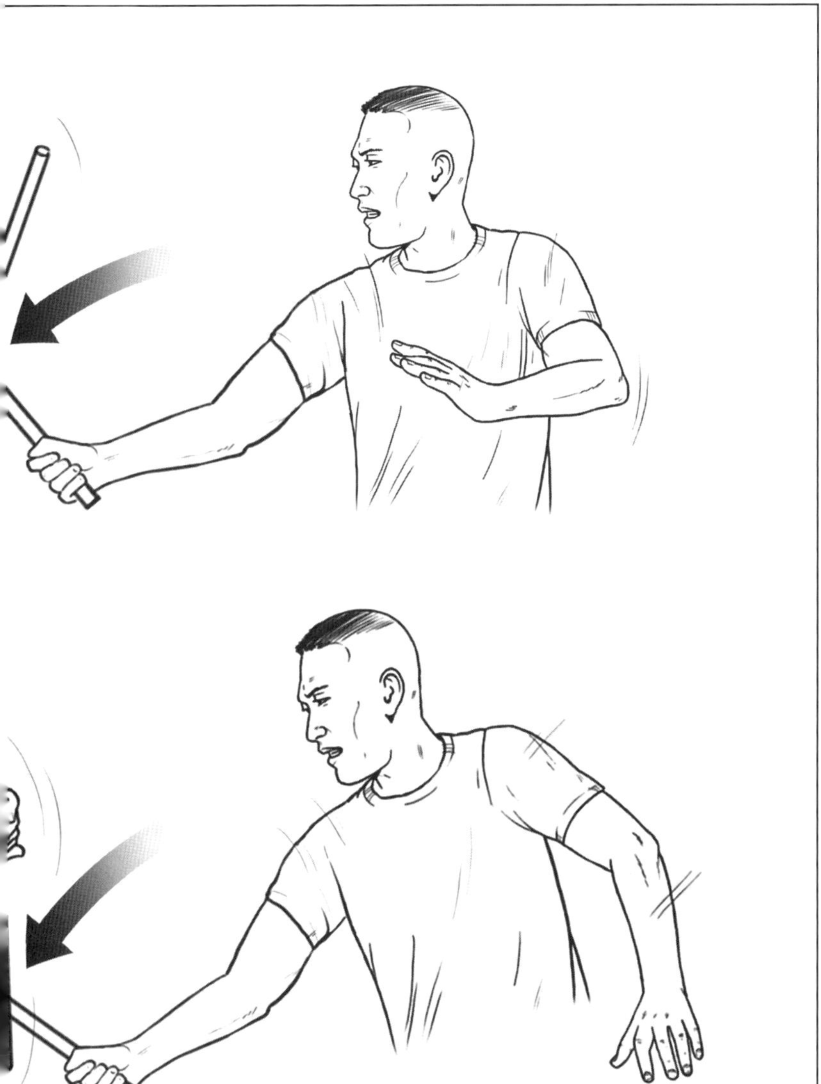

棒によるブロック

棒で攻撃をブロックするさいには、できるだけ手の動きを小さくする。棒の長さを利用して攻撃されたところをブロックし、手は、自分の体の前で動かし、かなり小さな範囲に「とどめて」おくのだ。手の動きが小さいほど素早くブロックできる。また、防御の体勢をくずされて攻撃に無防備になり、打撃を防ぐのが間に合わなくなる危険も小さくなる。

体の前で棒を下向きにクロスさせるブロック

フォアハンドで棒を下に向けるブロック

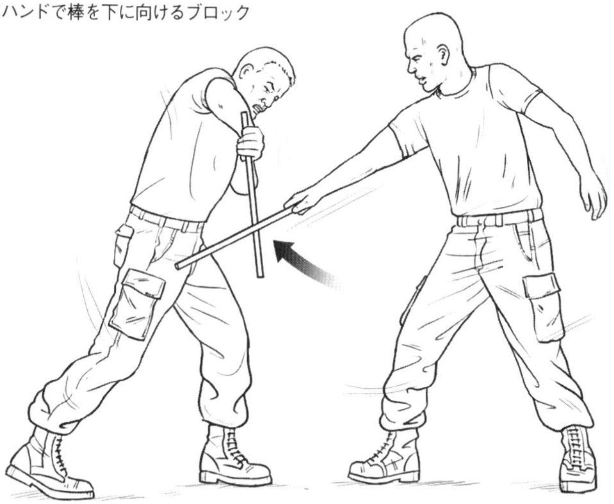

フォアハンドで棒を上に向けるブロック

警棒をもつ手からたたき落とすこともできない。

警棒をもっていないほうの手は伸ばして、心理的、身体的障壁とする。相手が前に踏み出して攻撃してくれば、はらいのけるか、あるいは前に出した手で止めて（「制止」）から警棒で殴打することもできる。相手が武器をもっていれば、相手が前に出てきたタイミングで、前に伸ばしていた手を警棒の邪魔にならないようにどけ殴打する。相手の武器や、武器をもつ手、あるいは状況によっては頭部や肩を狙うとよい。

棒を上に向けるブロック

基本的なフォアハンドの構えから一番とりやすいのが、棒を上に向けるブロックだ。自分の左からくる攻撃に対し（たとえば敵が右手で行うフォアハンドの一撃）、棒を握った拳を自分の体の前を横切る形で前に出し（棒は拳から上向きに出している状態）、向かってくる打撃にぶつけるものだ。打撃を止めたら、防御側は手をバックハンドの位置までもっていき、そこから相手の頭部に一打を放つ。

右からくる打撃に対しては（たとえば右利きの敵が行うバックハンド攻撃）、フォアハンドの防御の姿勢のままでいればよい。棒を握った拳を自分のやや右に向けて押し出し（棒は拳から上向きに出している）、衝撃を吸収させる。その後、防御側は手を上げてななめ下に向けフォアハンドの打撃を繰り出す。

棒を下に向けるブロック

脚に向かってくる低い打撃に対しては、棒をもつ手を返して棒を下向きにする。フォアハンドの打撃（右利きの防御側に対して左からくる）に対しては、向かってくる打撃に体の前を横切る形で棒を動かしてぶつけ、打撃をブロックしたら、バックハンドの一打を見舞う。

バックハンドの打撃（右利きの防御側に対して右からくる）に対しては、棒を半円を描くように回して下を向け、はらって打撃にぶつける。それから手を上げて棒をふたたび「上」に向け、フォアハンドの打撃を見舞う。

レッグ・スリップ

脚に向けた打撃に対する防御としては、ほかにも、ターゲットにされた脚を「すっと滑らせる《レッグ・スリップ》」ようにして動かす方法もある。体は前を向けたまま脚を打撃が届く範囲の外に動かし、攻撃側の頭部や腕に反撃する。

頭上でのブロック

棒をもち上げて行うブロックは、ななめ下に向けた攻撃には効果的だが、

鈍器のヒント

鈍器を使う場合、重いものを大きく振り回すことになり、武器の先端から３分の１程度のところがターゲットにあたることが多い。これでは武器のリーチを十分に利用できていない。軽い警棒類では、手首のスナップを利用して武器の先端で打撃を行い、「先端を打ち込む」ようにしたほうがよい。こうすればリーチも衝撃も増す。

手を上げ、ブロックが打撃にぶつかるよう方向を合わせる必要がある。ほぼ垂直に、上からまっすぐ振り下ろす攻撃に対しては、頭上でブロックすると効果は高い。

頭の真上でブロックする場合は片手でも両手でもよい。非常に重い打撃を吸収するとき（こうした一打は避けるほうがよいが）や、ライフルのように通常は両手を使う武器でブロックする場合には、両手で武器をつかむ。このブロックは、防御用のツールを水平にしてもち、攻撃の道筋に対して上向きに押し出す。その後、銃床で突いたり、武器によっては片手を離してフォアハンドの打撃を繰り出したりする。

片手でもつのが一般的な警棒類が武器の場合は、下向きのブロックのほうがよい。こうすれば、打撃を棒で滑らせ下に向かせるので、相手は前のめりになる。防御側は続いて棒で拳槌タイプの打撃を繰り出すか、フォアハンドの打撃を見舞うとよい。または、武器をもっていないほうの手で、敵の武器をもつ手を動けないようにするのもよい。

このためには、防御側は棒を斜め下に向けてブロックし、空いたほうの腕を棒のブロックの内側において守り、そしてその手を敵に伸ばす。それから腕を、敵の武器をもつ腕にからめて動かせないようにしつつ、拳を振り下ろし、棒の下端で拳槌タイプの打撃を見舞う。

レッグ・スリップと反撃

脚を攻撃するときにはごく接近する必要があるため、攻撃側の頭部は反撃に無防備になる。

反撃する場合、相手の武器が届く範囲から出るよう脚をうしろにやり、敵が攻撃をはずしたときに（しかし、相手が立て直して防御体勢に入る前に）突っ込んで、相手の無防備な頭を打撃するとうまくいく。これ以外にも、相手が伸ばしてきた腕を打撃するという戦術も使える。

両手で行う頭上での防御と反撃

頭上からくる重い一打をブロックしなければならない場合は、しっかりとした姿勢をとり、両手で武器をもつ。ブロックに使う武器を押し上げ、振り下ろしてくる武器にぶつける。

敵は重い一打の反動をくらうので、その隙に防御側は片方の手を離し、相手の頭部に激しいフォアハンドの打撃を放つ。

A
B

頭上で警棒を下に向けるブロックとそれに続ける打撃

フォアハンドの強打は、ブロック用の武器を自分の肩にあてるようにしてブロックする（[A]、[B] はそれぞれ右側、左側から見た図)。利き手ではないほうの手で、敵の武器をもつ手をつかんで動かせないようにして、反撃を行う［C]。

C

第5章

ナイフその他の刃物は武器として携帯されることが一番多い。所持するのも隠すのも簡単というのが大きな理由だ。

鋭器と刺器

ナイフ類は鋭利で先が尖っているため、切ったり刺したりするのに使える。熟練の戦士であれば、いかなるときでも武器のもち方で相手の意図する行為がわかる。たとえば、深く切りつけるのと浅い切創をつくるのでは、もち方や動かし方はまったく異なるのだ。

カッターナイフ類のような、切ることしかできない刃のナイフは、突きにはほとんど使われない。なたなど大型の切断用具は突く攻撃には不向きであり、切りつけるのに使うのが一般的だ。

切る動作と突く動作はまったく異なり、生じる傷もまた同じではない。突く傷よりも、切りつけた傷のほうが即死にいたる危険はずっと小さいが、切創を負わせる方が簡単だ。

細かいようだが、「切る」攻撃にもふたつのタイプがある。

たたき切る　重い刃物を強く振り回し、武器の大きさと重さを利用して刃先をターゲットに打ち込む。たたき込んだらそのまま押し込むか、自分の方に引き戻してさらに攻撃をくわえるが、一番ダメージが大きいのは、衝撃で刃先がターゲットに深くくい込むときだ。

切りさく　刃先で物が切れる作用を最大限に利用し、刃を滑らせ浅く切るような攻撃だ。ターゲットと接触したら刃を前後どちらかに動かす。相手にあてても、刃を滑らせないと切創はできない。

剣術の守りの構え

日本の剣術はタイミングを計った攻撃と、身を守ってかわす動作を主とし、おもに攻撃的な構えを用いる。西洋の剣術は剣によるかわしを効果的に多用し、本来、防御的なものだ。「フェンシング」という言葉も、「防御《ディフェンス》」から生まれたものなのである。

非常に鋭利で、刃が重く「たたき切る」タイプの刃物は、獲物にあてて押し引きするだけで切れるものもあるが、刃物の大半は上記のようにターゲットに沿わせて動かさないとうまく切れない。このため、重い刃物であまり大きく動かせないものは、相手にとってそれほど危険だとはみなされない。小型の刃物は鋭利さを維持しておかないとうまく切れないが、戦闘用の武器はすべて、準備を整えられていると思ったほうがよい。戦闘用ナイフは、たいし

て動かさなくとも人体に深い傷をつけることができるし、ほんの少ししか動かさなくとも重傷になる。

戦いの構え

ドライバーや割れたビンなど、刃物以外の武器は突く攻撃のときしか役に立たない。割れたビンのふちで深くえぐることもできはするが、突いて押し込む攻撃をするほうがずっと多い。

刺器や刃物をもつ場合、利き手の側を前に出すか、利き手ではない側を前に出すか、状況に応じて選ぶ。利き手でもち（十中八九そうだろう）利き手の側を前に出した構えは、武器が体の前に出てターゲットに接近しており、頭と体は武器のうしろにあって、相手との間合いをとって反撃に備えた状態だ。

利き手ではない側を前に出した場合、武器が届く範囲は狭くなるが、「空いたほうの手」をおおいに利用して戦える。攻撃をかわしたり、相手の腕をつかんだり、相手が武器を奪おうとしたら、武器を守ることもできる。重い武器を使う場合は、利き手ではない側（通常は左）を前に出して、力いっぱいスイングできるようにするのが一般的だ。この構えは重い鈍器を使うときと同じだ。

攻撃するときは、利き手ではない側を前に出した姿勢から、利き手側を思い切り前に出すよう「踏み込む」。攻撃が失敗したら、利き手ではない側を前にした防御体勢に戻る。体が前のめりになるほど伸ばせば武器のリーチは長くなるが、危険も増し、反撃を受けやすくなる。

ナイフ類

先が尖り、鋭利な物を即席の武器とするとあつかいづらい場合が多いが、使い方は原則として本物の武器と同じだ。このため、ナイフを刺器や鋭器の例として解説する。ナイフは戦闘用武器として一番よく使用され、ナイフ以外の武器では非常に難しい、さまざまな攻撃が可能だ。とはいえ、刃物や刺器でできることといえば、まず、切ったり突いたりする攻撃だ。

ナイフの握り方にはふた通りがある。順手の握りは、刃を、親指と同じ方向に手から突き出すもので、押し込んだり切りさいたりする動作に向いている。もうひとつは、ナイフを「下向きに」、「アイスピック」のように逆手に握って、刃が掌底から突き出るようにもつものだ。

逆手の握りはナイフを防御に用いる場合に使われることがある。訓練を積んでいればいくつか役に立つ使い方ができるが、この握りを攻撃に用いる場合は、順手よりも打つ手がかぎられる。

ナイフをもった構え

利き手側を前にした構えは、ナイフを敵に向け、体は相手の武器から十分離しておくことになる。利き手ではない側を前にした構えは、「空いたほうの手」をうまく使って攻撃をかわしたり、敵をつかんだりすることもできるが、攻撃する前に相手に接近できるだけの自信を要する。

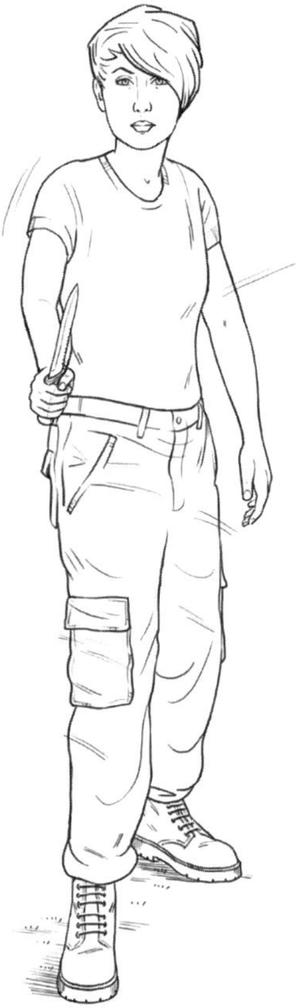

利き手側を前に出した
ナイフの構え

利き手ではない側を前に
出したナイフの構え

ナイフで戦うときの構え

ナイフで戦うときの構えでは、多くの場合、体と空いたほうの手をうまく使って、できるかぎりナイフを隠す。ナイフをもっていないほうの手は防御や、ときには敵をつかんだり打撃を行ったりと、積極的に活用する。

利き手を前に出したナイフの構え

利き手ではない側を前に出したナイフの構え

逆手の握りは下向きに突き刺すことしかできず、一般的な突きよりもリーチがずっと短い。内向きに切りさくこともできるが、この場合もリーチは欠く。訓練を積んでいないと、逆手の握りをすることが多い。映画で見たことがあるからだろうが、こうした握りをしていると、順手の握りにくらべ威嚇する力はずっと小さい。

順手の握り：突き刺す攻撃

突き刺す攻撃をする場合、通常は胴体前面を狙う。頭部や手足を狙うことはめったにない。突きは、一般に接近した距離から行い、概して、攻撃者とターゲットが近いほど防御するのは難

頭をつかんで上向きに刺す

肋骨の下から上向きに刺す攻撃は、ナイフによる必殺打のなかでも基本的なものだ。敵が飛びのけば、浅い傷で済む場合もある。相手の頭をつかんでナイフのほうに引き寄せれば、深い傷を負わせることができる。

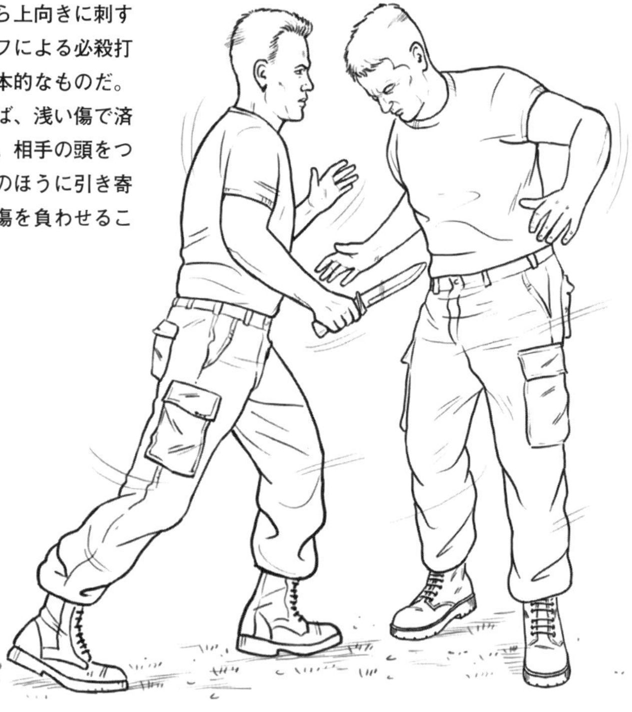

しい。

　ナイフを使った一番基本的な攻撃は、上向きの突きだ。利き手ではない側を前に出した姿勢から、ナイフをごく低く構え、相手の胴体めがけてやや上向きに突く。こうした攻撃の大半は、肋骨のすぐ下を狙う。ナイフを腕と垂直にしてもてば、肋骨と肋骨に阻まれてナイフが滑ったり、肋骨にひっかかったりはじかれたりもしない。突いたところが肋骨のすぐ下で、刃が上向きであれば、心臓や肺、大血管などに刃が届く可能性もあり、そうなればあっという間に致命傷となる。

　突く攻撃は、狙いがかなりおおざっぱになって、胸腔ではなく腹部に入る

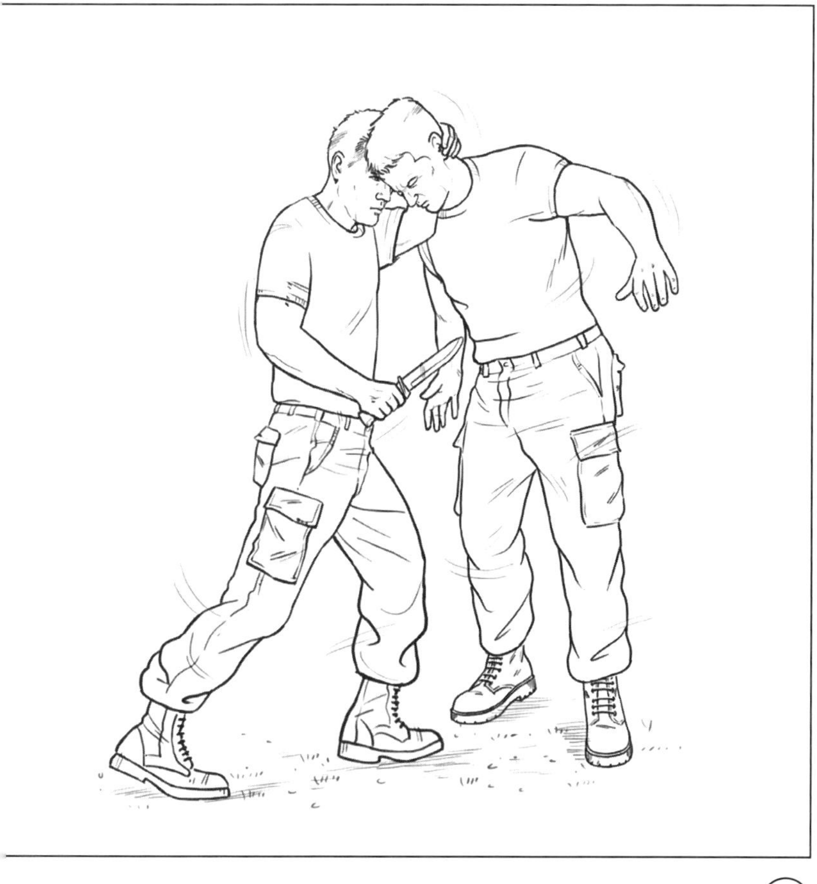

ナイフで突き刺す

　イラストの兵士は、利き手ではない側を前に出した構えから踏み込んで突きの体勢をとっているため、ナイフが届く距離が大きく増している。こうした大きく前のめりになる攻撃をする場合のリスクははっきりしている。警戒した相手が攻撃をかわして反撃する可能性があるのだ。しかし防御側がナイフは届かないだろうと高をくくっているようなときは、攻撃側は不意をつくことができる。

ことが多い。こうなるとすぐに命にかかわる危険性は低いが、そのため、攻撃側は、繰り返し獲物を突き刺そうとする。こうする場合、相手をつかみ、ナイフの上に引っ張り込むようにして突くのが一般的だ。ひと突きしたら、ナイフを引き戻し、ポンプのような動きで繰り返し刺すのだ。動けなくなってはいなくとも、これは非常に防御が難しい。

　このテクニックの変形ともいえるのが、敵の頭部や首のまわりを背後からつかんで、腎臓付近を突き刺す攻撃だ。あるいは、追い抜きざまに腎臓をひと突きし、獲物が倒れると同時にさっと離れる。もちろん、これは戦闘テクニックの課程で教わるようなものではなく、暗殺の手口だ。

　そのほか、あまり使われはしないが、利き手ではない側を前にした姿勢から、

踏み出して利き手側を前に大きく伸ばして突く方法もある。この場合は通常は胴体上部を狙い、大きく距離をつめるが、かわされ、反撃を受ける危険は覚悟しておかなければならない。

順手の握り：切りさく攻撃

この攻撃は一般に頭部、首、手足を狙う。手足への攻撃は偶発的な場合がほとんどで、手足を狙うのは「たまたまターゲットにできた」からであるか、もっと重要な部位を狙うときに邪魔になるからだ。

切りさくときに一番多いのは、フォアハンドでななめ下に向け、側頭部や首、肩を狙う攻撃だ。この動きは、敵の腕に切りつけたり、低い姿勢から体や脚の外側を狙ったりすることもできる。脚の外側に対しては効果が高いとはいえないが、大腿部内側にナイフを

背後からの突き

　腎臓を突けば、敵は出血して死亡する可能性が高く、すぐに無力化できる。ナイフが深く刺さるように、相手の頭をつかむとよい。これは「戦闘」のテクニックではなく、暗殺用のものだ。

切りさく攻撃

この攻撃を受けると大量に出血する。首や大腿部内側の動脈を切断されると、あっという間に命を落とす。眉を切りつけても命にかかわる危険は小さいが、出血で目が見えなくなり、相手はおじけづいて戦うのをやめ、その場から逃れようとするだろう。

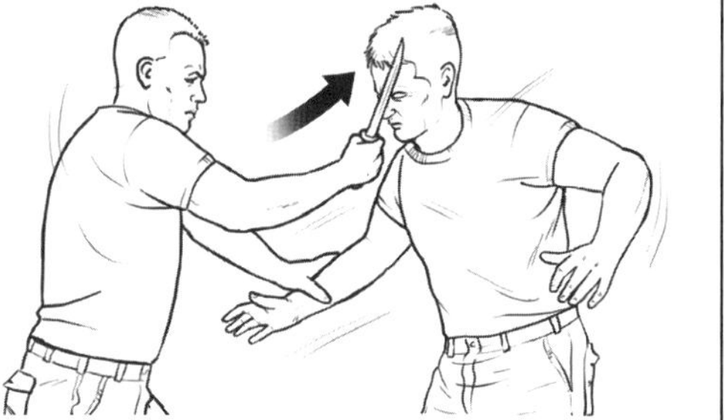

フォアハンドで切りつける

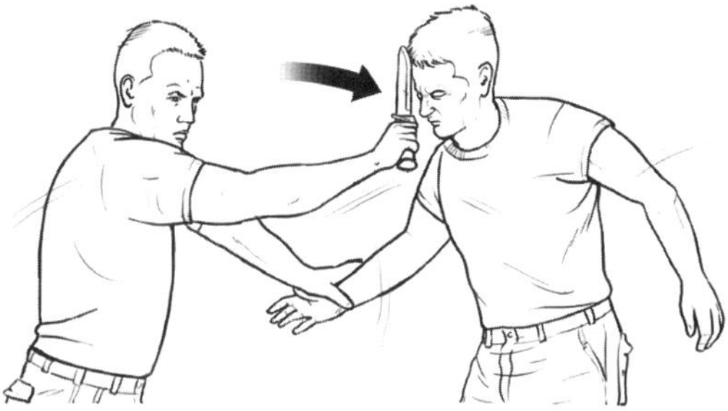

バックハンドで切りつける

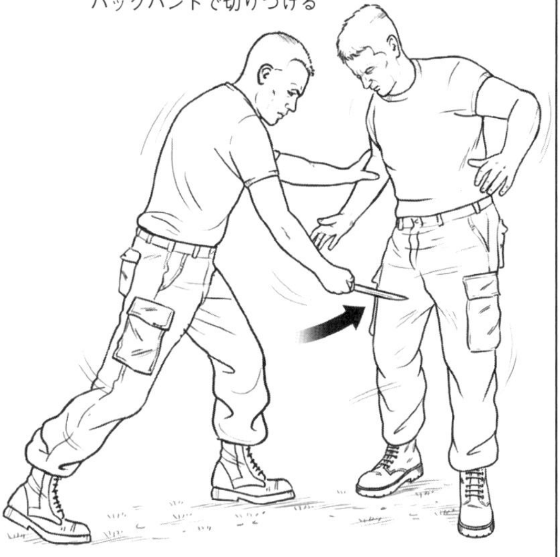

脚に切りつける

逆手の握り（アイスピック・グリップ）で刺す

小型で尖ったものなら、アイスピックのように握って刺す攻撃ができ、腕の自然な動きを利用して強力な一撃を見舞える。しかし、順手の握りで刺すときよりもリーチが短く、ごく接近しているときでないと効果は上がらない。

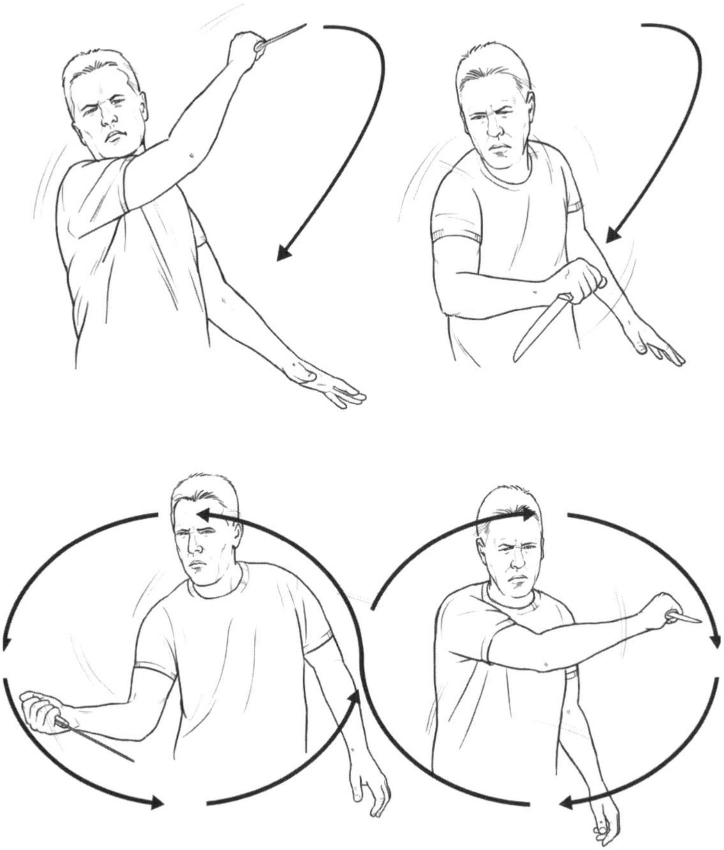

はらうと大腿動脈を切断し、ターゲットが数秒で死亡することもある。このテクニックは第二次世界大戦中にコマンドーが使ったものだ。敵の多くは体の上部に切りつけられると思っており、脚をうまく防御できない点を利用した攻撃だ。

バックハンドの切りつけもまた非常に効果があり、フォアハンドの攻撃に続けて行うことが多い。ターゲットはフォアハンドの場合と同じでよいが、相手が一般的な、利き手ではない側を前にして構えているときは、バックハンド攻撃をすれば、手足を狙うと相手の腕や脚の外側にあたる場合が多い。フォアハンド攻撃のほうが、内側にあたって動脈を裂く可能性はずっと高い。

もちろん、水平やななめ上に向けて切りつけることも可能だ。軽いナイフは素早く向きを変えられるので、思わぬ角度で切りつけてくることがある。敵斥候などに対しては、背後から体をつかんでのどを切りさき、暗殺することも可能だ。これは市民生活においてはまったく認められない行為だが、戦場では有効な軍事戦術だ。

逆手の握り（アイスピック・グリップ）

逆手の握りで相手を突くのはかなり難しい。訓練を受けていないと、肩のあたりをめがけて大きく振り下ろそうとする。狙い通りにいけば致命傷になり、相手の戦意も奪えるが、対処するのは比較的簡単だ。それにもかかわらず、ナイフでできる攻撃はほかにはないかのように、こうした攻撃の訓練に大きく時間を割く武術家は多い。

このタイプの攻撃の効果を大きく高めるためには、相手に近寄り、利き手ではない側の手で相手をつかみ、たたきつけるように素早い一撃をくわえる。第二次世界大戦中のコマンドーは、上から鎖骨の裏側めがけて突き、主幹動脈を切りさいて、素早く相手の命を絶つ訓練を受けた。この攻撃はターゲットの前後から仕掛けることが可能だ。

逆手の握りでは、接近した位置からであれば胸部に向けて突くことも可能で、通常はバックハンドになる。胸部に武器を素早く抜き刺ししても、急所をはずせばターゲットがすぐに倒れはしないが、内出血は激しく、戦えなくなるのに時間はかからないだろう。

逆手の握りで切りつける攻撃も、相手と接近している場合のものであり、相手の前で８の字にナイフを動かすことが多い。この場合の切創は浅くなりがちだが、ナイフを素早く戻すので、攻撃側が前のめりになりすぎることはない。

「空いたほうの手」で相手をつかんで狙いを定め、手首をナイフでひっかくようにして切りつけるのもよい。手首にナイフをあてて横に引けば、腱が切れて敵の手は使い物にならなくなるし、激痛が走り戦えなくなる。

銃剣を装着する

　銃剣は、ライフルの先端部に装着していない状態ではナイフといえるし、ライフルはすでに述べたように警棒代

銃剣による切りつけ

銃剣の鋭利な刃でターゲットにななめに切りつけると、深い裂傷ができる。

わりにすれば非常に役に立つ。警棒とナイフを同時に利用できれば、相手に接近している場合はつねに、ナイフで突いたり銃床で殴打したりできる多用途の接近戦向け武器となり、射撃に支障をきたすこともない。

銃剣で攻撃する場合、利き手ではない側を前にした体勢から、両手で体を突くのが一般的だ。しっかりとした姿勢から、思いきり力を込めて勢いよく攻撃する。銃剣での切りつけも可能ではあるが、あつかいづらく、ライフル

長銃身のライフルは切りつけるときの力が増すが、重要なのは引く動作だ。銃剣では、振り回して斧のような衝撃を与えるのではなく、ターゲットの体をなぞるように引いて切創を作る。

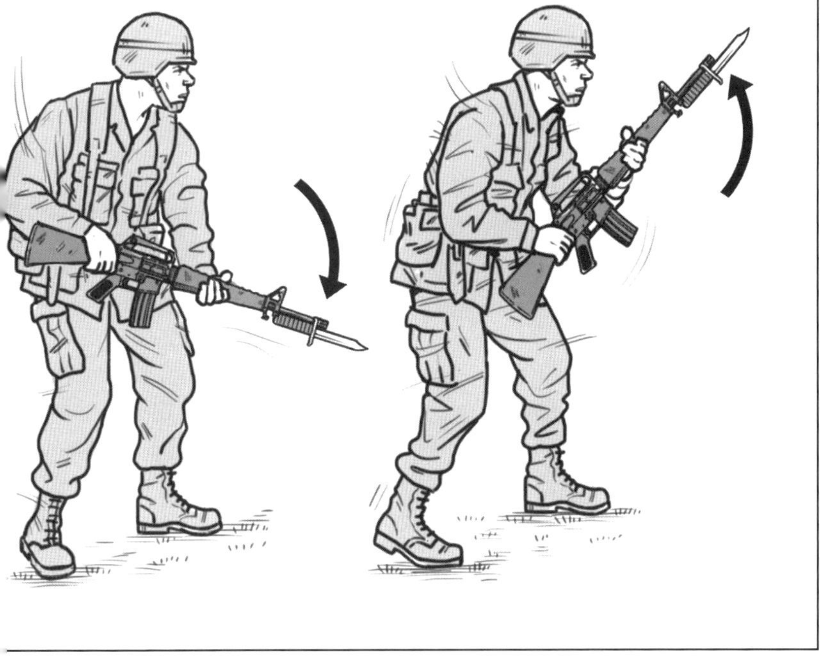

から銃剣がとれてしまうこともある。兵士が銃剣をくくりつけて、落とさないようにしていることはよく知られている。

剣、なた

世界には、日々の仕事をこなすのになたなど大型の切断用具を携帯するのが一般的であり、またそれが必要な地域もある。下草が茂っているジャングル地域がそうだろう。移動になたは欠かせず、たいていは、そのための用具だ。しかし、こうした重い切断用具を武器にすると、重傷を負わせるのも簡単だ。

剣は今日ではあまり見られないが、これを携帯している者がいないとはいえない。戦闘で使われるような剣の類は、一般にふたつのカテゴリーに分けられる。片手でもつタイプと両手でもつタイプだ。剣の多くは突くのにも使えるが、切りつける攻撃が一番多い。

片手でもつ剣となた

長く、かなり重い刃をもつ武器を使えば、届く範囲が広く、重い一撃を繰り出せる。剣を使うときには、利き手側を前に出す姿勢もあれば、利き手ではない側を前に出すこともある。剣やなたを使う場合は、フェンシングタイプの深い突きはあまりせず、攻撃のときにせいぜい一歩前に踏み出す程度だ。

重い刃物を使った攻撃は鈍器と同じような軌道をたどり、ななめ下に向けたフォアハンドのストロークが一般的であり、バックハンドの場合も同じようにななめ下に向ける。こうした攻撃を止めるのは難しい。刃が長いとその一部でもあたると切れるし、刃が届く範囲から出るにはかなり動く必要があるからだ。剣術の訓練の経験がなければ、鈍器に対するのと同じブロックが一番効果的だ。

剣やなたで戦う訓練を受けていると、相手の攻撃をかわしたり、相手をつかんだりと、空いたほうの手をうまく活用できる。しかし刃が長くなるほど、武器をもっていないほうの手は活用できなくなる。たとえば、なたを使うときのほうが、幅広の剣《ブロードソード》のときよりも相手をつかもうとすることが多い。

両手でもつ剣

両手でもつ剣といって浮かぶのは、日本刀を手に入れて暴れまわる危ない輩くらいだろう。刀は実際には片手でも両手でも使えるが、刀をもち出すような者は、たいていは大きく振り回してくる。

両手で剣をもつときは、利き手ではない側を前にした姿勢から使うのが一般的で、とくにかっとなって使う場合や、訓練を受けていない者は、野球の

両手で刀をもつブロック

　刀やなた類でブロックする場合は、イラストの左側の人物のように、刃先を相手の剣にあてる。刃の平たい側面部分や背で突こうとすると、刃が折れたり剣を落としたりする可能性がある。相手が切りつけてきたら、できるかぎり剣の柄の近くで受ける。ここが刃の一番強い部分だからだ。

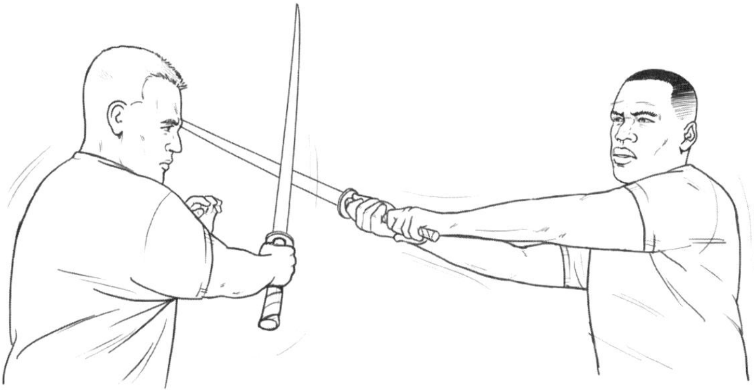

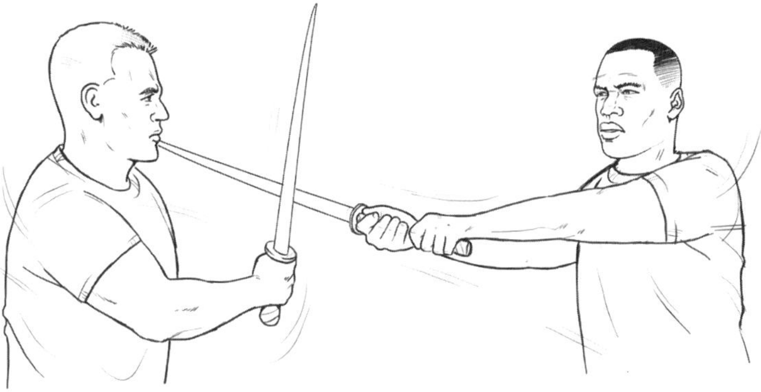

かわしと反撃

切りつけてくる攻撃をブロックするのではなく、それをかわして反撃することが可能な場合がある。敵が武器をもつ腕は攻撃で無防備になっているので、これをターゲットにするとよい。敵の腕に「ストップ・カット《切りつけによる阻止》」を実行し、腕に攻撃することで防御と反撃とを同時に行うというさらに高度な方法もあるが、危険でもある。

バットと同じようにして振り回す。日本とヨーロッパの剣術は奥が深く、本書ですべてをとりあげることはできないため、一番基本的な動きのみを解説する。

両手でもつ剣を使う場合、通常はフォアハンドで下に向けて切りつけたり、まっすぐ振り下ろしたりし、またバックハンドと交互に行うこともある。こうした攻撃には、重い鈍器の攻撃に対するものと同じブロックをするが、2点で少し異なる。まず、剣は大半の鈍器よりも軽いため、鈍器ほどの衝撃は受けなくとも済む。それでも、一打の衝撃を吸収するためには、しっかりとした正しい姿勢をとることが必要だ。

つぎに、ブロックしたとしても刃は危険だ。敵は（意図的であれ、無意識であれ）どうにかして切ろうと、ブロックされても剣を押したり引いたりするだろう。こうしてできる傷は、剣をたたきつけられたときのものよりも軽くはあるが、それでも危険なことにはかわりない。

鋭器や刺器で防御する

小型の刃物や刺器は、攻撃を直接防御するためには使えない。一打をさえぎる形でナイフを出しても役には立たないだろう。ひとつには、武器が小さいために、うまくブロックできない可能性が高いことがある。自分に向けられた打撃の道筋にナイフの刃をおこうとすれば、かなりの精度が必要だ。また、こうした軽い武器では攻撃をうまくやわらげることはできない。ナイフを脇にはらわれれば、一撃はほとんど弱まることなく向かってくる。

このため、軽い鋭器や刺器を防御に使うとすれば、通常は武器をもたないほうの手で攻撃をかわしたり相手の腕をつかんだりして、反撃するような場合だ。あるいは、攻撃を回避してから、自らこうした武器で攻撃を仕かけることも可能だ。

大型の刃物なら鈍器と同じようにブロックに使える。すでに述べたように、剣術は奥が深いためこの本に収めきれるものではないが、剣やなたを片手でもつ一番基本的な形のときは、警棒と同じようにしてブロックできる。事実、武術には棒類対なたで戦うものもある。

日本刀など大型の刃物は、同じブロックを両手で行う。しかし、逆上して暴れるような者がもつ剣類はあまり質が高くはなく、おどろくほど簡単に折れる。（西洋および東洋の）剣術の多くでは、攻撃を刃で止めると同時に、それをかわして力を弱める。

刃物の大半に共通する基本原則は、刃の鋭利で切れる側を、攻撃にぶつけることだ。こうすれば武器をもつ手と刃は、攻撃への抵抗力が一番大きい向きになっている。一撃が刃の側面にあたると、手から刀がはたきおとされたり、曲がったり、折れたりすることもある。

刃物によるブロックには、ほかにも「ストップ・カット《切りつけによる阻止》」や「ストップ・《突きによる》スラスト《阻止》」がある。名前のとおり、これは敵の攻撃を止めるための攻撃だ。ストップ・カットは通常は武器をもつ腕に向け、かわしと同時に行う。敵の攻撃を、武器ではなく腕を攻撃してブロックするため、攻撃的防御の最たる

武器をもたない手でかわす、切りつけと突き

「武器をもたないほうの手」で突きをかわしたら、さまざまな策がある。相手が防御できないように、相手が武器をもつ腕をつかんだまま、首に切りつけて殺害する（A）。あるいは武器をもつ腕に切りつけて相手が戦えないようにする。この位置から突く場合は、突き刺す動きができるように武器をもつ手をいくらかうしろに引く（B）ことが必要だが、上から突けば傷は深くなり、相手の命を奪うことはほぼ間違いない（C）。

A

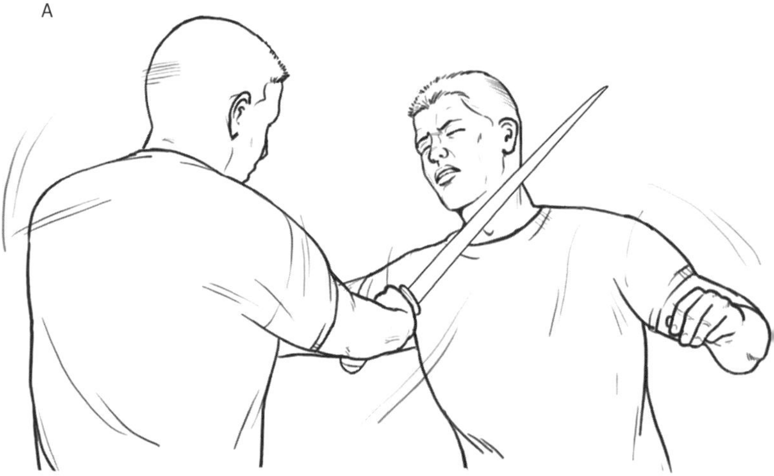

B

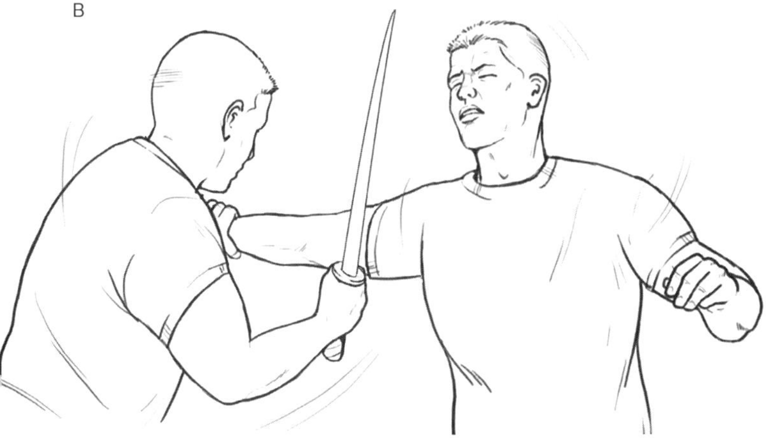

C

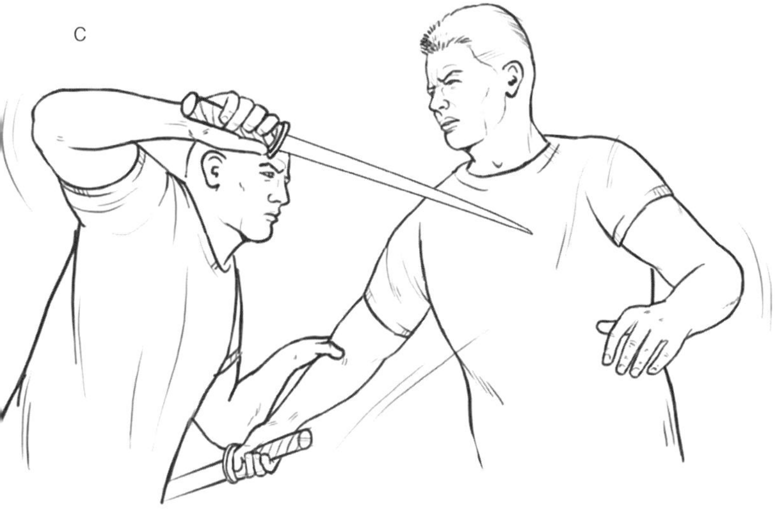

ストップ・スラスト《突きによる阻止》

　顔、のど、胸を狙う。しっかりとした姿勢から刃を強く押し出すと、勢いのついている敵は刃に向かって飛び込むことになる（A）。突きが弱いか、狙いが正確でないと、敵は攻撃できる距離にいるので、自分が一撃をくらうことになる。

A

ものだといえる。

　ストップ・スラストは、防御側の武器が敵の武器よりリーチが長いときに使い、危険も伴う。敵が剣や銃剣の先で突かれて重傷を負ったとしても、まだ攻撃を行える可能性はある。とはいえ、ストップ・スラストがうまくいけば、非常に効果は高い。防御側はしっかりとした姿勢をとって刃の先端で敵を狙うか、敵の頭部や胸部に向けて自分から突いて出る。どちらにしても、攻撃側は、攻撃しようとすれば切っ先むやみに突っ込んできてあらっぽい一撃を繰り出してくるような敵には「ストップ・スラスト」を使うとよい（B）。名前が示すとおり、敵が攻撃できる距離まで近づく前に、突き《スラスト》で前進を止める《ストップ》のだ。安定した姿勢と武器をしっかりと握ることが不可欠だ。

B

に向かって走り込んでくることになる。

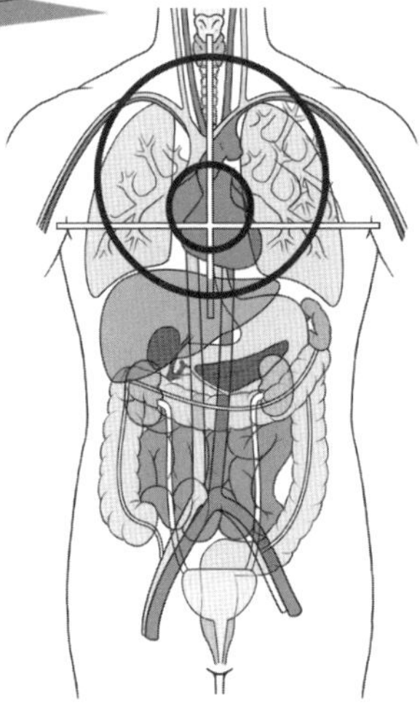

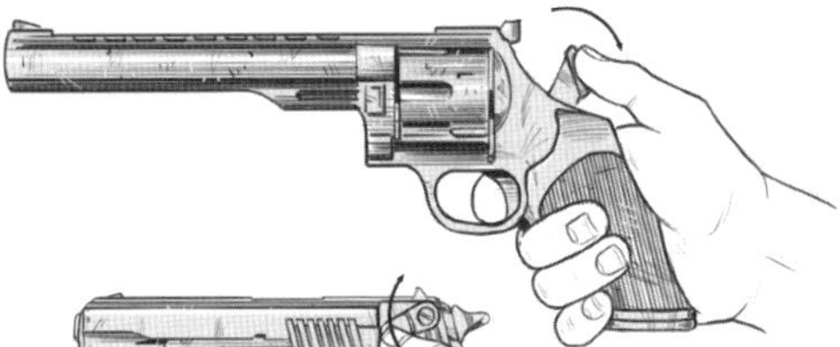

第6章

あらゆる携帯武器のなかでも、おそらく銃が一番危険であり、あつかいは慎重に行わなければならない。

火器

火器は小さく密度の高い銃弾を発射し、それは高速で弾道軌道を描く。銃弾は、短距離では直線で飛翔するといってもよいが、飛距離が長ければ重力の影響で「落下」するし、射撃地点からターゲットに到達するまでに風が吹けば、ターゲットまでのラインからはずれる場合もある。長距離射撃は一種の芸術だともいえ、すぐれた射撃術にくわえ、大気の状態や重力の影響を評価する能力も必要だ。だがこうしたスキルの解説は、本書の目的とするものではない。

近距離で実際に問題となるのは、トリガーを引くときに武器をどこに向けているか、ターゲットがどれくらいの速さで移動しているか、といった点だ。撃つと判断してトリガーを引くまでのあいだと、さらにその後、トリガーが作動して弾が発射されるまでにはわずかな時間のズレがあり、これは「ロック・タイム」と言われる。この後、弾が飛翔してターゲットに到達する。ごく短い距離ではこれはほんの一瞬だが、この3つの動作のあいだに、動きが迅速なターゲットが射撃のラインからはずれたり、しっかりとした遮蔽物に逃げ込んだりすることもありうる。

火器を効果的に使用する場合、射撃術は一要素でしかない。銃撃戦の最中には、遮蔽物を利用し、また逃げようとするターゲットを突き止める能力も重要なスキルだ。

移動中のターゲットに照準を合わせる

動いているターゲットを直接撃つ訓練を行っても、至近距離をのぞいてはむだだ。ターゲットに対しては、銃弾とターゲットが同じ地点に同時に到達するように、少し「リード」をとることが必要だ。

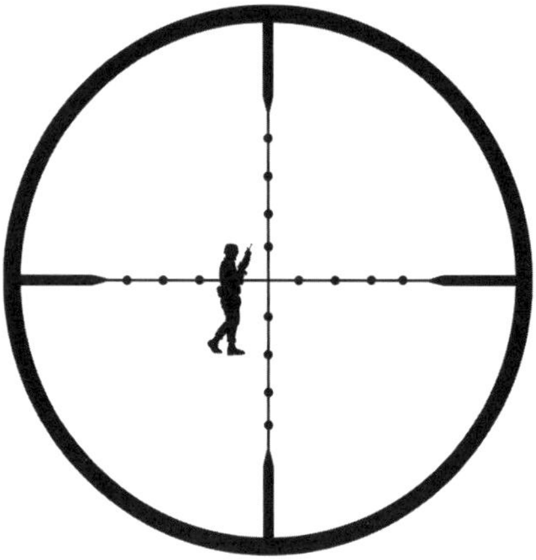

移動するターゲット

移動中のターゲットを射撃する場合、弾とターゲットが同時に同じ地点に到達するように「リード」をとることが必要だ。動きが迅速なターゲットほどリードを大きくとる必要があり、また飛距離が長いほど弾が照準点に到達するのに時間がかかるため、大きなリードが必要だ。しかしそれよりも、的をはずす一番の原因は、武器を使う者にある。戦闘時の緊張下では、トリガーを水平にそっと引くのではなく、思いきり引っ張る射手は多く、銃ががたついてターゲットからそれてしまう。反動のコントロール失敗もターゲットをはずす一因だ。とくに速射のときには、射手がつぎの弾を撃つ前に、銃を正確にターゲットに向く位置に戻せないとはずしてしまう。

銃を両手でしっかりと抱え、安定したよい姿勢をとると、ミスショットは減る。これは、ひとつには反動が抑えられるためで、また、条件が変わらないようにするからでもある。銃と目と

安定した射撃姿勢

安定した射撃姿勢をとることで、射手の目と銃との関係をつねに同じに保て、射撃のスキルを最大限生かすことが可能になる。

の距離が変わらず、常に一定の姿勢をとれれば、いつも一定の射撃結果を出せるだろう。訓練を重ねることで、射手は、一定の範囲を決め、そこならターゲットにつねに命中させることができるようになる。たとえば、射手が狭い範囲に「集弾」させることができるようにはなったが、いつも照準点の右下に撃ってしまう場合は、訓練してこれを修正することが可能だ。つねにごく狭い範囲に射撃を行える能力を身につけ、それからそのエリアを、撃ちた

いところにもっていけるようになるのがポイントだ。

訓練を受けた射手は、可能なかぎり、効果が確かな射撃姿勢を用いる。側面にターゲットが現れれば、武器をもつ腕だけをそちらに向けようとするのではなく、体全体を向けてターゲットをとらえる。武器を振り回したり、「ギャング」のように横向きになって撃ったりすれば銃弾を浪費するだけであるし、一番になれなければ、戦いではおそらく死を意味するのである。

本能的な射撃

近距離では、細かく考えずに撃ってもある程度は命中する。射手は撃ちたいところを確認し、通常は両眼で見て銃の照星《フロントサイト》をそこに合わせる。照門は近接した場合は考慮しなくともよい。とはいえ、簡単そうに思えても、至近距離であってもたいていの人は正確には撃てないし、戦闘のストレスに影響を受けてしまうと、腕のよい射手でさえ安定した射撃ができないこともある。銃撃戦は信じられないほど近距離で起こることが多く、めったに命中しない。これは、射撃の腕がないせいもあるが、ターゲットに命中させるのは、ハリウッド映画で描かれているよりもはるかに難しいのが原因だ。

弾丸は、発射火薬がカートリッジ内で急激に燃焼したことで生じるガスに

照準点

下のイラストは、サイト・アライメントと弾着点との関係を示したもので、ポスト・タイプの照準器を使用した例だ。

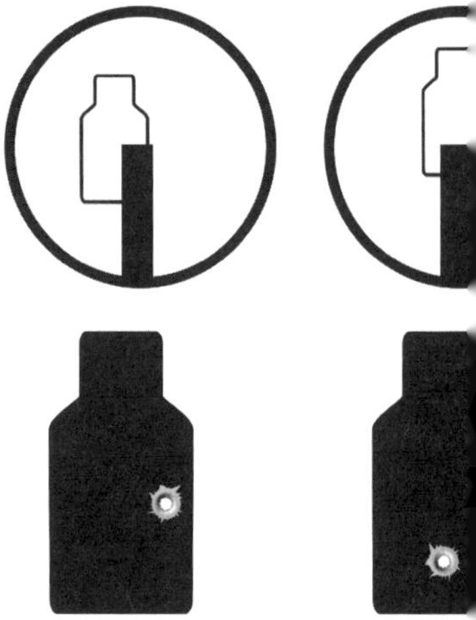

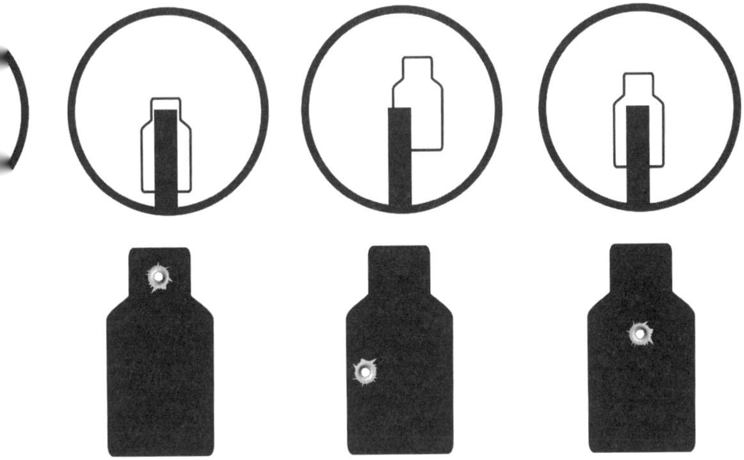

よって押し出される。これは薬室で起きる現象で、これで弾丸をマズルから銃身外へと飛ばす。燃焼ガスの一部は銃身から外に出て、発射炎やかなりの騒音が生じる。発射時には、銃は熱くもなる。至近距離の銃に対する防御訓練を受けるのであれば、これにも備えなければならない。発射の騒音にたじろいだり、熱い銃を取り落したりしていると、つぎは自分が撃たれてしまう。

射撃を行うときはまずトリガーを作動させるが、トリガーが直接弾を発射するわけではない。大半の銃では、撃鉄を起こすとスプリング式の撃鉄が「落ちる」態勢になる。トリガーは撃鉄が動くのを止める仕組みを解除し、撃鉄を落とす働きをもつだけだ。これにはごくわずかな力しかいらず、指に少し力をかけるだけで弾は発射される。

撃鉄は通常は撃針に落ち、ある程度の力がかかると、撃針がカートリッジをたたく仕組みになっている。カートリッジ底部には（一部の銃ではリム、大半では中心部）に小型の爆発装置である雷管があり、たたくと発火する。そして発射火薬の燃焼がはじまり、薬室内の弾薬後部で大量にガスが発生し急激に膨張する。弾を銃身に押し出す以外にどこにもガスの逃げ場がないため、この熱いガスが銃弾を送り出す働きをする。

弾丸は、弾薬のうち銃身を出ていく

ターゲットの射撃訓練

腕のよい射手になるためには膨大な訓練をこなす必要がある。つねに狭い範囲に「集弾」できるようになるのが第一段階で、つぎに、自分の撃ちたいところに集弾できるようにする。

猟銃

狩猟用の銃は給弾の操作や数がごくかぎられており、通常は手動で操作し、1発撃つごとに再装填することが必要なものもある。こうした銃は威力はあるが、軍用銃にくらべると、戦闘における効果は限定的だ。

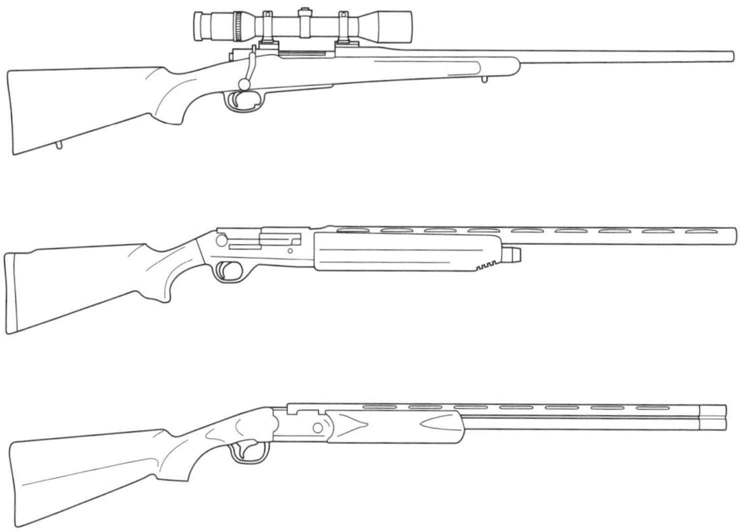

弾部分であり、カートリッジ（あるいはカートリッジ・ケース）とは、雷管、発射火薬、弾丸を収めたものだ。弾薬全体を言うときに、「カートリッジ」あるいは「弾」という言葉を使うこともある。ほぼすべての火器は、弾丸は発射されるがカートリッジ・ケースは残り、これを薬室から取り出して再装填する。この仕組みの違いが、火器のタイプや特性を決める大きな要因である。

火器のタイプ

火器は大きく数種類に分類でき、そこから派生するものも多い。分類の仕方は明確なものではなく、通常は、口径やサイズよりも使い方で分けられている。薬室に弾薬を送り込む送弾機構は、接近戦では有効性を決定する重要な要因だ。

シングル・ショット　射的用ピストルや、もっと一般的なものでは狩猟用ショットガンがこのタイプだ。1発発射すると、再装填する。多くのショットガンは、銃身が上下か左右に並ぶ二連銃だ。双方から1回ずつ撃つことで2度発射することになるが、どちらも射撃後には薬室に再装填しなければならないので、銃としては「シングル・ショット」である。

メカニカル・リピータ　射手が使用済みカートリッジを取り出し、装填やつぎの射撃に備える動作をする必要のあるものだ。リボルバーは、通常は6発（一部そうではないものもある）装填できる。薬室を収めた弾倉に1発ずつ装填し、それを銃に戻す。

リボルバーでは、撃鉄を起こすたびにつぎの弾が発射位置まで移動する。大半のリボルバーでは、手動で撃鉄を起こすか、トリガーを引くとこうなる。トリガーで行う場合は、トリガー・プルの最初の段階で銃のシリンダーを回転させ撃鉄を起こし、最後の動きで発射する。発射に失敗した場合、トリガーを再度引くと新しい弾が射撃位置に送り込まれるため、リボルバーをもつ相手が発射に失敗したからといって安心はできない。

ポンプアクション式のショットガンやボルトアクション式のライフルにも同じことがいえる。失敗した弾を放出して新しい弾を準備する操作を行うので、銃をもつ者がこの動作を阻まれないかぎり、「不発」弾で銃が使えなくなることはない。

ボルトアクション、レバーアクション、ポンプアクション式の銃は、通常はマガジンから給弾し、マガジンは内蔵式の場合も、脱着式のものもある。使用済みカートリッジの排出と新しい弾の装填は手動で行う。

セミオートマティック銃　銃弾発射時のエネルギーを利用してボルトやスライドを動かして使用済みカートリッジを排出し、つぎの弾をスプリング式マガジンから薬室へと送り込む。マガジンは通常は脱着式で、迅速な再装填ができる。トリガーを引くごとに1発発射され、自動的に撃鉄が起こされて、トリガーを引けば再度射撃できる。一

アサルトライフル

AK-47と多数の派生タイプは、セレクティブ・ファイア機能をもつ、ガス圧作動方式のアサルトライフルであり、フルオートマティック、あるいはセミオートマティックの射撃が可能だ。長距離でも短距離でも効果を発揮する。ライフルのデザインと操作の簡易性によって、これまでにもっとも大量に製造、コピーされたライフルである。

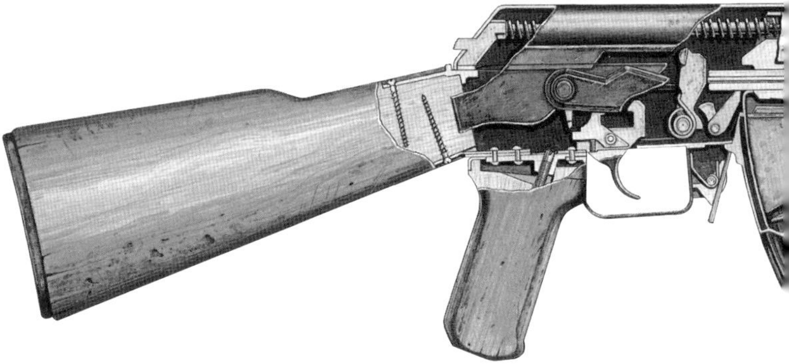

般に、セミオートマティックの銃はメカニカル・リピータよりも迅速に射撃が行える。

フルオートマティック銃　セミオートマティックと同様の仕組みだが、トリガーを引いているあいだは、マガジンが空になるまで薬室に送弾し発射する。このためフルオートマティック銃は接近戦では非常に危険だ。複数の弾が命中する、あるいはターゲットに雨あられと弾が降り注ぎ、撃たれる危険が大きく増すのだ。バースト射撃が可能な銃はこれと同じ原則を用いているが、

多数の弾を撃つと（多くは3発）射撃のメカニズムを制限する装置があり、トリガーを引いてはバースト射撃を行う仕組みだ。

大半の軍用火器はセミオートマティックかフルオートマティックであり、1発撃つとつぎの弾が薬室に装填される。つまり、大半の状況では、不発になった場合はトリガーを再度引いたからといって発射されるわけではない。「不発」であっただけなら、手動で装填ハンドルを操作すれば不発弾を排出でき、発射の準備ができる（これも、そうするのを邪魔されなければ、だ

セミオートマティックのピストル

大半の「戦闘用ピストル」はセミオートマティック・タイプであり、戦闘中に素早い再装填が可能だ。有効射程はかぎられているが、セミオートマティックのピストルは火力と携帯性のバランスがとれている。

が)。しかし場合によっては、不発を起こしたフルオートマティックやセミオートマティックの銃が完全につまってしまい、排莢操作するのに数秒はかかることがある。

銃は一般に、送弾機構にくわえ、いつ、どのように使用するかによっても分類される。

ピストル　片手または両手でもつ小型の銃で、一般に、バックアップ用や、すぐには戦闘が予想されない兵士の携帯武器だ。大半の軍用ピストルはセミオートマティックだが、リボルバーはおもにその簡易性から、私的な用途ではいまだに人気がある。ピストルのカートリッジはかなり小型なので、遮蔽物やボディアーマーに対する貫通力は小さいが、それでも重傷をもたらす。ピストルは銃身が短いために精度に影響し、その有効射程は一般に考えられているよりずっと短い。

ショットガン　滑腔銃身（飛翔が安定するよう発射体を回転させるためのライフリング《施条》が施されていない）の銃

二連式のショットガン

　多くの狩猟用ショットガンは銃身が二連式であり、銃を折って新しいカートリッジを銃尾に入れて再装填する。これは、マガジンの交換よりもずっと時間がかかる操作だ。

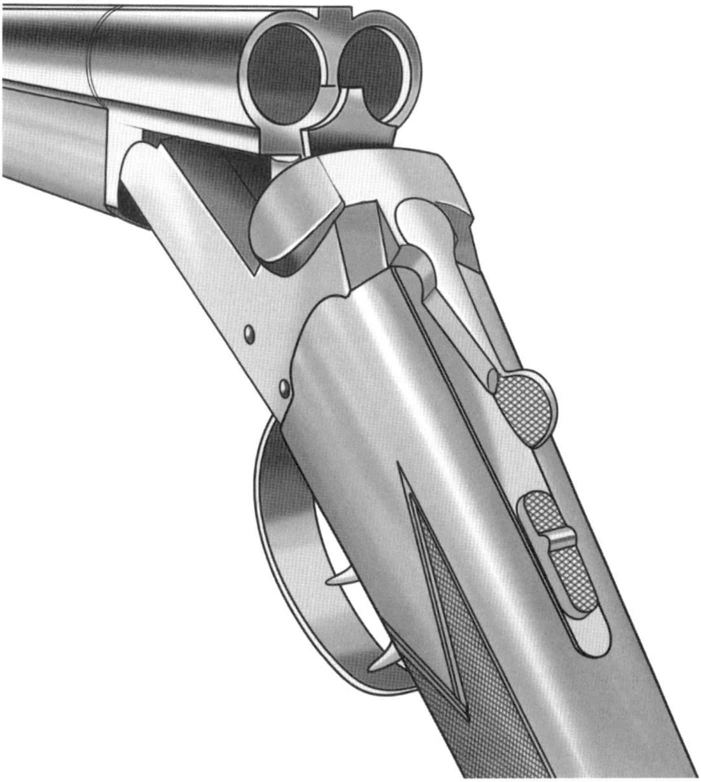

で、銃弾を1発発射することも可能だが、通常は小型のペレットの集まりを使用する。ショットガンの有効射程はかなり短く貫通力も欠くが、近接している場合は、ストッピングパワーは圧倒的だ。射撃を行うと弾は放射状に広がり、適度な距離にあると命中する確率が高くなり、接近していれば、ターゲットにペレットが数発命中する。

民間用ショットガンの多くは銃身が一連か二連のシングル・ショット銃だが、戦闘用のショットガンはポンプアクション式かセミオートマティック式だ。戦闘用ショットガンは内蔵マガジンから給弾するのが一般的で、手動で一度に1個のシェルを再装填し、これにはかなり時間がかかる。戦闘用ショットガンには、脱着型のボックス式やドラム式のマガジンを使用するものもあり、種類は少ないがフルオートマティックの「アサルトショットガン」も出ている。

オートマティックの小型銃

短機関銃や個人防御火器（PDW）は市街地での接近戦に最適だ。適度な射程ではすぐれた威力を発揮し、多用途に十分な働きをするが、開けた地形ではライフルの射程にはおよばない。

FN P90

短機関銃と個人防御火器　通常はピストル・タイプの弾薬を使用する小型でフルオートマティックの火器。こうした銃は軽くてあつかいやすく、市街地での近接戦闘には最適だ。このタイプの小型のオートマティック銃はほぼすべて、脱着型マガジンを使用し、再装填が非常に迅速である。近距離で強力な火力を振るえるよう設計されており、一般に長距離では精度を欠く。

ライフル　ピストルや短機関銃にくらべると大きなカートリッジを用いる大型の銃であり、大型であるために貫通力や殺傷力、精度は高い。ボルトアクション式の狩猟用のものから、フルオートマティックで短機関銃同様の速射が可能なアサルトライフルまで、幅広いタイプがある。一般的な人が高精度の射撃を行える距離よりも、実際の有効射程は長い。このため、ライフル銃兵の目にとまった獲物は非常に危険だ

ヘッケラー&コッホ MP5サブマシンガン

ボルトアクション式ライフル

狙撃用ライフルと民間人向け狩猟用ライフルの多くはボルトアクション式だ。1発撃つごとにボルトを手動で操作し、使用済みカートリッジを排出して新しい弾を装填する。このためかなり射撃数は少なくなるが、この点を埋め合わせるほど長距離において高精度である。

と考えられている。軍用ライフルの大半は脱着式マガジンから給弾するが、民間のライフルは、小型の脱着式マガジンはあるものの、内蔵型マガジンを使用するのが一般的だ。カービン銃は本来ライフルの小型軽量版で、近接戦闘用にはライフル同様の働きをし、スペースがかぎられた場では軽くてあつかいやすい。

安全装置

大半の火器はなんらかの安全装置を備え、偶発的な発射を防止している。リボルバーにはマニュアルセイフティ（手動の安全装置）がなく、内部機構によって、トリガーを引かなければ銃が発射されない仕組みであることが多い。語弊はあるが、トリガーを引けば、撃ちたいものを撃てる、ともいえる。

M40A1ライフル

現代のセミオートマティック・ピストルにもマニュアルセイフティがないものは多いが、グリップやトリガーにセイフティ機能を備えている。これも、正しく銃をもちトリガーを引けば、銃は発射される。いつどこで発射するかは使う者の責任だ。

マニュアルセイフティは、セミオートマティック・タイプのピストルを含め、多くの火器にある。フルオートマティックあるいはバースト射撃が可能な銃は、セレクターが安全装置を兼ね、使用者はトリガーを引くごとに、1発撃つのか連続して撃つのか、あるいは撃たないかを決めることが可能だ。

多くの火器が、マガジンリリースやデコッキングレバーはじめ、ほかにもコントロール機能を備えている。訓練を受けていない者が使い慣れない銃をもつと、装填、送弾済みであっても、タイミングよく有効に使えはしない。このため、接近戦の専門家の多くは、

ピストルの安全装置

　多くのセミオートマティック銃（下イラスト）はマニュアルセイフティを備え、これを解除するまでは銃が発射されないようになっている。このため、大半のセミオートマティック銃は「コック＆ロック」（撃鉄は起きているがロックがかかっている）での携帯は安全だが、撃鉄を起こした状態のリボルバーは、周囲の人すべてにとって危険だ。

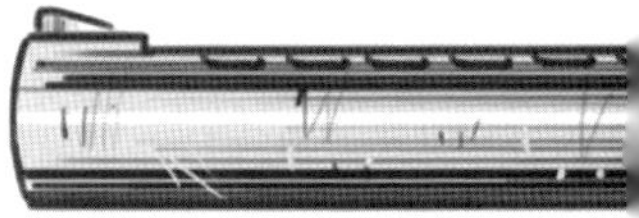

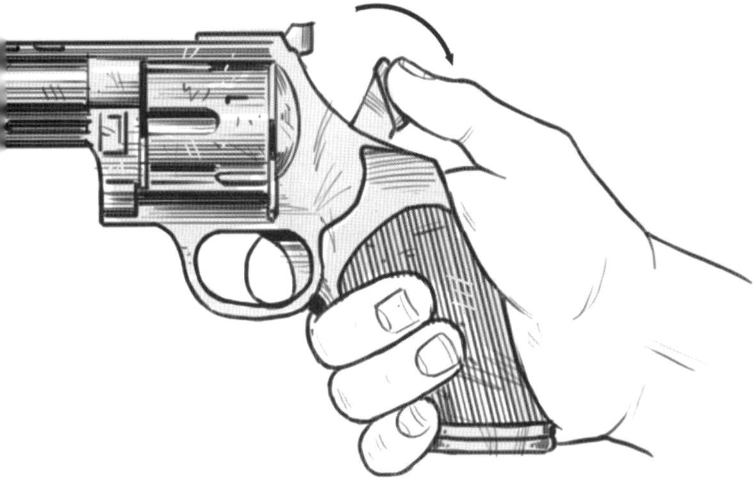

大半のリボルバー（上イラスト）にはマニュアルセイフティがないが、撃鉄を起こさないかぎり、撃鉄が撃針に触れるのを防ぐ構造をもつ。射撃を行う場合は、イラストのように手動で撃鉄を起こすか、ダブルアクションであればトリガーを引けばよい。

スプリング式スライド

　セミオートマティックのピストルは反動を利用してスライドを後退させ、排莢口（エジェクションポート）を開いて使用済みカートリッジ・ケースを排出する。それからスプリング式スライドが前方に動いてマガジンから弾を出し、薬室に送り込む。スライドの動作で撃鉄も起こし、つぎの射撃に備える。

あまり使ったことのない銃では撃たないよう助言する。敵から銃を奪い取ったら、遠くへ投げるか、なにかの下に投げ込んで使えないようにし、敵をほかの手段で無力化する。もちろん訓練を積んだ者であれば、敵の銃を奪えば勝利を引き寄せることになる。

近距離でのピストル

　ピストルを使う場合はできるかぎり、両手でもって安定した射撃の姿勢をとる。ピストルは両手でもち、プッシュ・プルの姿勢（前の手をうしろに引き、うしろの手を前に押す）で、ピストルのマズルをターゲットの方に押し

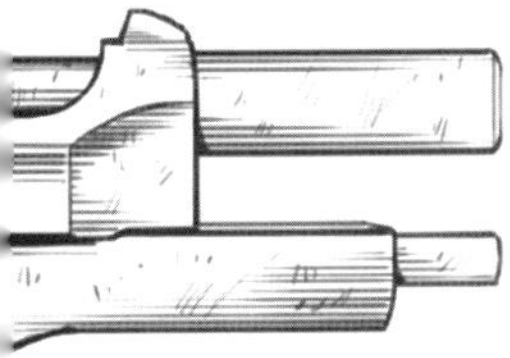

出すようにする。前線に立ち、非常に長い銃剣で突き刺そうとでもしているような形だ。通常は両目をあけて照星をターゲットに合わせ、狙いをつける。

利き手ではない側を前にし、膝を少々曲げて、ピストルに身をのり出すような感じで立つ。この姿勢であれば、疲れはするが、素早く動ける。動きはできるだけなめらかにするが、少しでも動いているときに撃つと、あまり精度の高い射撃はできない。

遮蔽物を利用する

ピストルを撃つときに手段を選べれば、通常は遮蔽物を利用し、固くしっかりした物にピストルをおく。偽装や隠蔽に利用するものの背後に身をかがめたり、膝をついたりするときと、手の位置はほぼ同じだ。いつも遮蔽物があるわけではないので、あたりを見回して隠れられそうなものを探すよりも、ターゲットとただちに交戦することのほうが大事だ。この場合、即座に倒すのが一番の防御であり、そうでなければ、至近弾で敵を遮蔽物に追い込むのもよい。

しっかりとした射撃姿勢をとっていても、多くは命中しない。できるだけ早く弾を撃ちつくしたほうがよい場合もあるが、訓練を積んだ射手であれば多くは、２発連射し（ダブルタップ）、それから再度狙ってもう１発撃つ。

ピストルを抜く前にすでに戦闘がはじまっていれば、準備の時間が必要になる。現代のセミオートマティックのピストルの多くと、ほぼすべてのリボルバーはダブルアクションのトリガーを備え、つまり薬室に弾薬があれば、トリガーを引くだけで発砲できる。マニュアルセイフティがある場合は、まずこれを解除しなければならない。

両手でもつ射撃姿勢

ピストルは片手でも使えるが、正確な射撃を行うには両手でもつ必要がある。両手でピストルをもちプッシュ・プルの姿勢をとり、ターゲットに向けて腕を伸ばす。

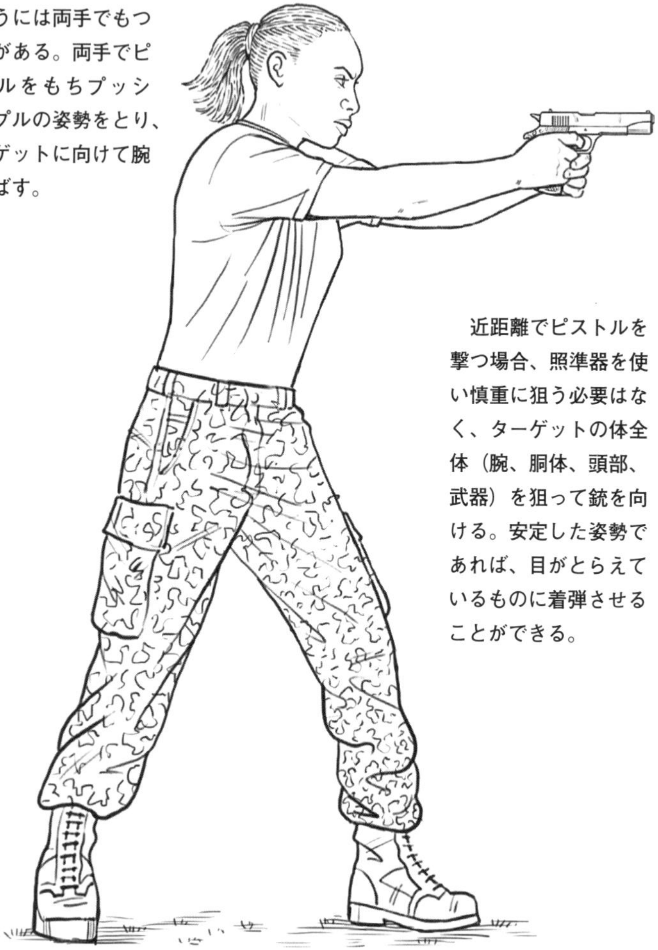

近距離でピストルを撃つ場合、照準器を使い慎重に狙う必要はなく、ターゲットの体全体（腕、胴体、頭部、武器）を狙って銃を向ける。安定した姿勢であれば、目がとらえているものに着弾させることができる。

コンディション・ワン

従来タイプのセミオートマティックのピストルを使用する場合、多くはピストルを、コック&ロックした「コンディション・ワン」の状態で携帯する。つまり、薬室に弾薬があり、撃鉄を起こしているが安全装置がかかっている状態だ。「コンディション・ツー」のピストルは、弾薬は薬室にあるが撃鉄は起こしておらず、安全装置がかかっている。セミオートマティックのピストルのすべてがこの状態で安全というわけではない。現代のピストルはほぼ安全といえるが、旧型のピストルの多くは、撃鉄をはずみでなにかにぶつけると暴発する危険もある。

コンディション・ワンかツーの状態にあるピストルは、安全装置を解除して、必要であれば撃鉄を起こせば準備ができる。弾は薬室にあるのでスライドを後退させる必要はない。「コンディション・スリー」とは、撃鉄を起こ

遮蔽物を利用する

銃撃戦を生き残るためには遮蔽と隠蔽の利用は欠かせない。車は、たいていの場合身を隠すのにしか役に立たない。銃弾を止めるのは、作りがしっかりとしているエンジンブロックくらいだ。

膝射の姿勢

　膝をつくことで、ピストルを支え、安定した構えにすることができる。一般に、体と地面との接触部分が多く姿勢が低いほど、正確な射撃になる。

さず、薬室に弾がない状態だ。このコンディションのピストルは、薬室に送弾し撃鉄を起こさないかぎり、偶発的であれなんであれ発砲できない。このためには、スライドをいっぱいに引き前に戻す操作が必要だ。

セミオートマティックのピストルなら、戦闘中にも再装填は非常に迅速に行える。マガジンをリリースして落とし（必要であれば引っ張る）、満タンのマガジンをハンドグリップに押し込む。これは理屈ぬきでできる動きであり、片手で新しいマガジンを取るのも簡単なので、暗闇でも苦労せずに行える。それから薬室に送弾されれば、ピストルは再度発砲の準備ができた状態になる。1発目を薬室に送り込むときにはスライドを引いて後退させることが必要だが、セミオートマティックのピストルには、弾が空になったときにスライドをロックし、ホールド・オープンの状態にする機能をもつものがある。スライドストップを解除してスライドをリリースすると、スライドが前進して弾を薬室に送り込み、再装填のプロセスはいくらか速くなる。

リボルバーの装填

リボルバーの装填には時間がかかる。弾を1発ずつ手で薬室に入れなければならない場合にはなおさらだ。スピードローダーなどの装置を使えば、一度に数発挿入するのでこのプロセスを短縮できはするが、これでもまだセミオートマティックのピストルよりも時間がかかる。

逆に、戦っているあいだに敵から奪い取った武器を安全な状態にしなければならない場合がある。リボルバーなら、シリンダーラッチを押してシリンダーを振り出してから、エジェクターロッドを押して弾をすべて排出すれば

コンディション・ゼロ

正気であれば、「コンディション・ゼロ」でも安全なように設計されてでもいないかぎり、この状態にあるピストルをもち歩いたりはしない。これは、薬室に送弾して撃鉄を起こし、安全装置を解除した状態をいう。コンディション・ゼロのピストルは、トリガーにわずかな力をかけるだけで射撃を行う状態にある。戦闘中ならこれでよいが、ジーンズのベルトにはさむときにはおすすめできない。

リボルバーの装填

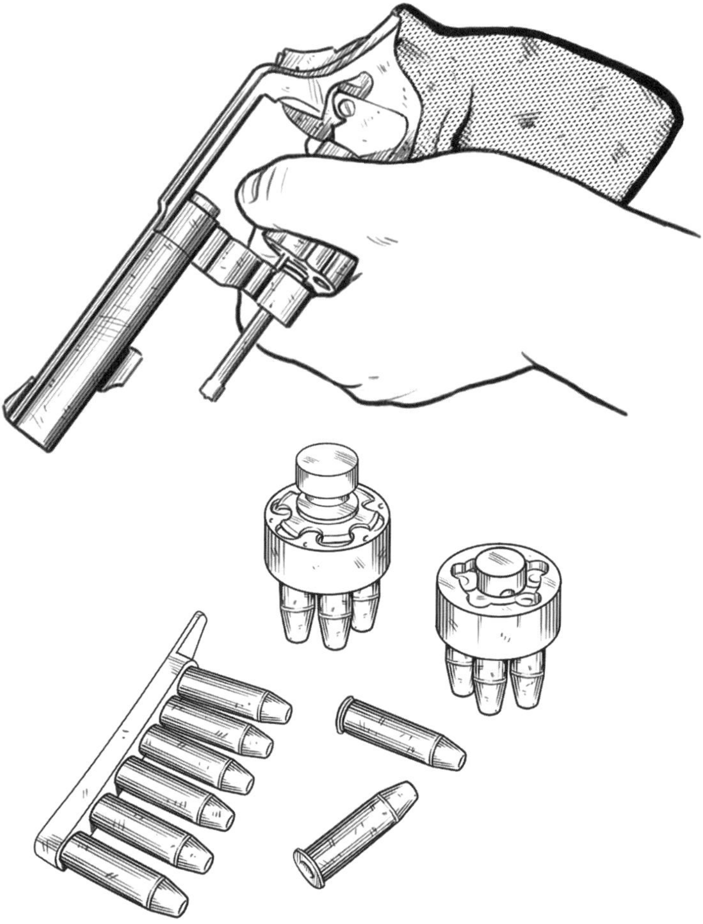

リボルバーに6個の銃弾をひとつひとつ装填すると、多くの場合かなりの時間がかかるため、ストリッパー・クリップやスピードローダーでこのプロセスを短縮する。スピードローダーは、後端のプランジャーが6個の弾を同時にシリンダーに押し込む仕組みだ。

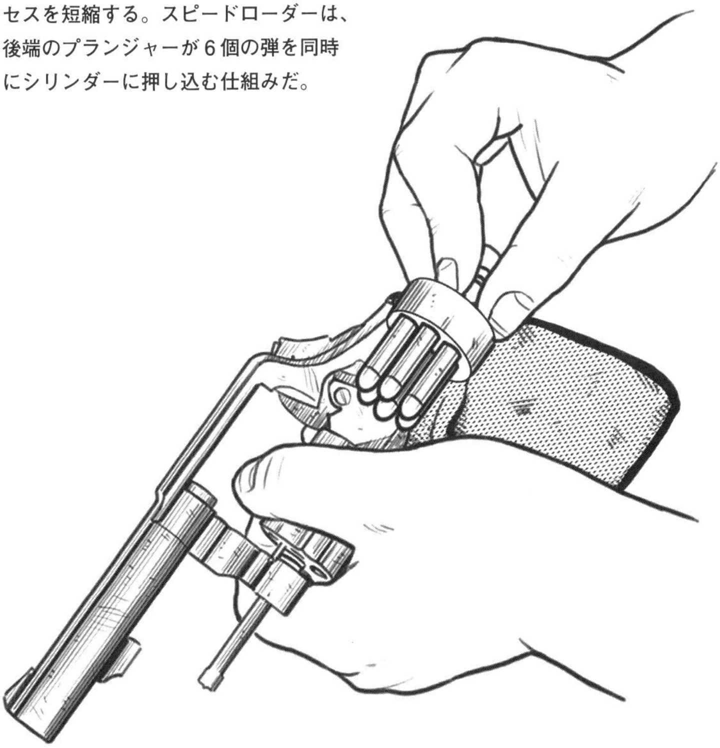

安全だ。セミオートマティックのピストルであれば、マガジンを取りはずしてからスライドを少なくとも1回は前後させ、薬室にある弾を排出させなければならない。スライドを動かしてからマガジンを取りはずし、薬室に弾が入ったままコッキング状態にしてしまうと、非常に危険だ。

ごく小型のオートマティックの銃（小型の短機関銃や個人防御火器の一部）のあつかい方は、ピストルと同じ場合が多い。大型の戦闘用銃よりも、ピストルと似ているからだ。

抜き撃ち《ドロー&シュート》

十分な訓練を受けずにセミオートマティックのピストルを使う場合に、今でもよく使われている方法がある。ピストルをコンディション・スリーの状態（コックせず、薬室に弾がなく、マガジンはあるべき位置にあり、安全装置は解除されている）にして携帯するのだ。戦闘がはじまると、ピストルを利き手で抜いてマズルをターゲットに向けて押し出し、利き手ではないほうの手でスライドを引き、その手でピストルをもつ手をくるみ射撃の姿勢をとる。

この方法は、1930年代に上海市警が考案したものだ。上海市警は、当時、世界でも類を見ないほどの無法地帯でごくわずかな訓練しか受けずに任務についていた。セミオートマティックをあつかうときに一番効率的だというわけではないものの、これは失敗がほとんどないやり方だ。戦っている最中に、自分のものではないセミオートマティックのピストルを手にした場合には、同じようなやり方になることが多く、撃つときにスライドを動かし薬室に送弾する。すでに薬室に弾があれば、その弾は排出されて新しい弾を送り込むことになる。だが、撃とうとして薬室が弾に入っていなかったり、撃鉄が起きていないのに気づいたりするよりも、こちらのほうがよい。

スライド操作の必要がなければ、利き手ではないほうの手をまず射撃位置まで伸ばし、ピストルをもつ手をそこにもっていく。

至近距離の抜き撃ち《ドロー&シュート》

至近距離では、前に出した（利き手ではないほうの）手を敵の胸上部に挙げて牽制するか押しやり、利き手でピストルを抜いて腰より少し高い位置にもって撃つ。照準点は、敵に向けて伸ばした手よりも下におく。

至近距離の長銃《ロングアーム》

「長銃《ロングアーム》」という言葉は両手でもって撃つ大型の銃に用いられる。ショットガン、ライフル、カービン銃、短機関

送弾する

セミオートマティックのピストルのスライドを作動させると、弾は薬室に送り込まれ(すでに薬室にある場合は、それに代わる)、撃鉄を起こす。撃つ準備ができるまでは、指はトリガーから離しておく。ピストルの準備ができ、両手でしっかりと握ったら、トリガーにわずかに力をくわえれば、弾は発射される。

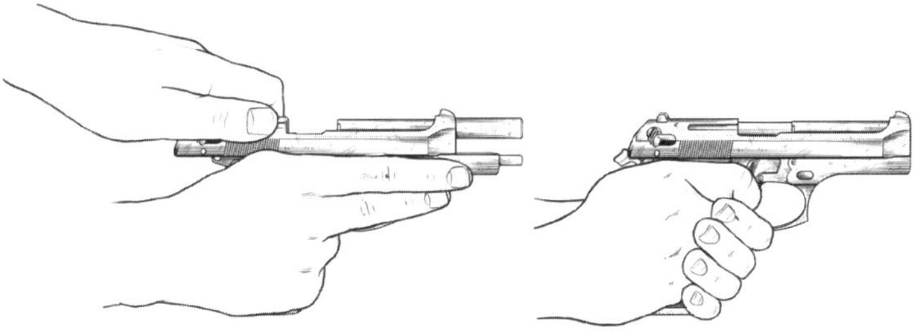

銃や小型の機関銃の多くもそうだ。こうした銃は、照準器を用いて肩撃ちすることも、腰だめで撃つことも可能だ。腰だめからの射撃は正確というわけにはいかないが、ごく接近した距離からでは反射的に素早く撃つことができる。

訓練を受けた兵士が接近戦にくわわる場合、移動のさいに銃をすでに肩にあてていることが多く、銃身を下げて疲労を軽減し、あまりスペースをとらずに移動しやすいようにしている。危険を察知した場合は、銃をさっと振り上げて照準を合わせればよい。銃を肩にあてておけば、ほかのもち方で銃を肩までもってくるときにくらべ、マズルをもち上げるのに余計な力もいらない。

マズルを下げておくと、付近にいるかもしれない仲間や非戦闘員に銃を向けるのを防ぐことにもなる。集団で作戦を行う場合には、友軍に銃を向けないようにごく慎重に行動し、照準を合わせるときにマズルが友軍の前を通るようなことも避ける。

至近距離

至近距離では、不意に姿を現した脅威に対して、銃床や（装着してあれば）銃剣を使うこともあるだろう。大型の銃をかぎられたスペースで使ったり、突進してきた敵に用いたりするのは難しい場合もある。もっと距離がある場合は、火器を見せただけでは阻めない敵は火力で制することになる。しかしその結果は、その武器の貫通力とストッピングパワーに大きく左右される。

とくにライフルでは、至近距離では貫通射創となる場合が多い。銃弾が人体を貫通し、向こう側に抜けるのだ。重要臓器に命中すれば標的の命を奪うこともあるが、敵を「止める」能力は、十分な運動エネルギーを標的に発散し、標的を即座に止める力があるかどうかで決まる。実際には、ピストルや短機関銃（通常は同じ弾薬）の弾やショットガンのシェルなど、低速の弾や、大型の弾がこの役割を果たすことが多い。中距離から長距離においてライフルが発揮する威力（高速、強い貫通力）は、至近距離ではあまり効果的だとはいえないのだ。

この問題に対処するためには、通常は火力を増す。１発のライフル弾で標的を即座に止めることはできないかもしれないが、バースト射撃では可能だろう。しかしバースト射撃では命中する確率も増すが、オーバーペネトレーションや跳弾の危険もある。オーバーペネトレーションによって弾が標的を貫通したり、標的をはずして壁を貫通したりすれば、障害物に隠れて見えない非戦闘員や友軍兵士にとっては、深刻な危険になりかねない。

至近距離で銃を抜く《ドロー》

イラストの兵士は利き手ではない側の手で敵をうしろに押しやり、銃を使うスペースを作っている。銃は、相手につかまれないよう、また自分の手を撃たないためにも、低く構えておく。

急襲部隊

急襲部隊のメンバーは、用途の異なる武器をもつ。ショットガンは敵を迅速に倒すが、精度は低く、装甲や遮蔽物に対しては効果があまりない。カービン銃や短機関銃はこれより精度が高いものの、ターゲットを倒すには数発命中することが必要だ。ピストルを使う兵士もおり、ドアを開けたり、人質を安全な場所に引っ張り出したりできるように片手を空けている。

ターゲットにする部位

心臓やその周辺部に命中すれば即、致命傷となるが、胴体でもそれ以外の多くはそうではない。内出血や臓器損傷は死にいたる危険が非常に大きいものの、それでも敵の反撃や人質の殺害を阻止できない場合もある。

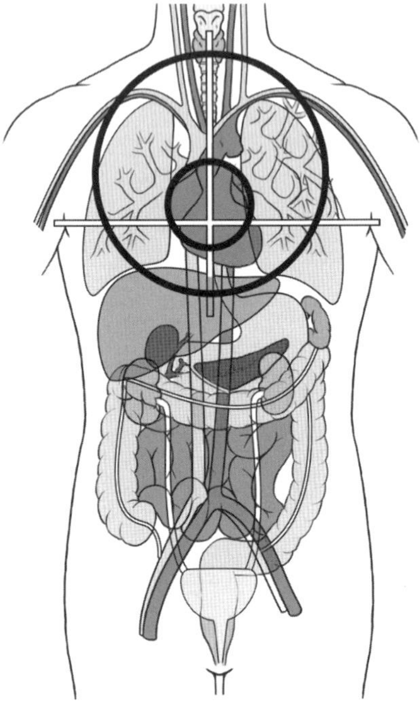

一般市民が付近にいることが考えられる環境で人質救出などの法執行任務を行うチームが、長銃のなかでもショットガンや短機関銃を選択するのは、ひとつにはこの問題を考慮するためだ。軍の兵士は市街戦では標準的な銃を用いることが多く、アサルトライフルや小型の支援火器が一般的である。総合的な戦闘能力が必要であり、法執行機関のように特殊化してはいられないからだ。

自宅と自分の身を守る

自宅を守るさいに主として使う火器はピストルやショットガンだ。オートマティック・タイプの火器は一般市民向けにはあまり使えないが、同じ銃でもセミオートマティック・タイプなら一般に使える地域は多い。かなり広い

いつ銃をもち出すか

武器を使うかべきかどうか判断が難しい状況であり、個人にその判断がゆだねられる場合がある。判断材料となるのは、間違いなく生命にかかわる危険であるか、あるいは、その時点で武器を使用しないと行動する機会を失ってしまわないか、という点くらいだ。たとえば、銀行強盗が武器をもっていても現金を奪うことしか頭にないなら、銃撃戦を交わせば、そばにいる人々をより危険な状況に陥らせることになるかもしれない。だが強盗があたりを探し回って人質をしばり上げたり、暴力を振るったりするのであれば、「今やるか、なにもしないか」を決断すべき状況だ。それでも、撃たないほうがよい場合はあるだろう。しかし、撃つしかない状況もあるのだ。

土地を所有し、戸外で侵入者に対処しなければならないのであればライフルは向いているが、自宅を守るために武器を所持する場合、大半は、室内や至近距離での射撃を念頭におく必要があるだろう。

自宅を守って撃つ場合、家族が薄い壁の向こう側にいる可能性もあるので、オーバーペネトレーションは大きな問題だ。午前3時に寝ぼけまなこで、武器をもった侵入者に対処しなければならない可能性もある。リボルバーはあつかいの簡易性から人気が高く、こうした状況では非常に役に立つが、セミオートマティックのピストルも、適度な訓練を受けていれば、同じくあつかいは簡単だ。

ポンプアクション式のショットガン

ショットガンには多数の利点がある。ストッピングパワーに優れ、オーバーペネトレーションの危険は少なく、精密射撃をする必要は小さい。またショットガン自体が相手をおじけづかせる。ポンプアクション式のショットガンに装填するときの音はきわめて威嚇的であり、これを聞けば、侵入者の多くはさっさと退散するだろう。

護身向けには（自衛用の武器携帯が認められている地域の場合）、ピストルをもつのが一般的だ。

法的にも物理的観点からも、ライフルやショットガンをもち歩くことは実際的ではないが、車には乗せておける。全般に、護身用武器は戦闘目的で所持しているのではなく、予期せぬ事態が起きたときに、戦う手段をもてるようにするためなのである。

隠して携帯する

軍や法執行機関の兵士の大半はもちろん武器を堂々ともち歩くが、外からはわからないことが望ましい状況もある。護身用武器は、もち主が隠してもちたがるか、法でそれが必要な場合がある。一般には火力が弱く、小口径で装弾数の少ない小型のピストルは、バッグやポケットに入れてもち運べ、体で隠すのも簡単だ。大型の銃は隠すのが難しいが、上着があればうまく隠せることが多い。

武器を隠していると、おおっぴらに所持している場合よりも取り出すのにかなり時間がかかることもあり、多くの人が、できるだけ素早く銃を抜き使えるように訓練をする。このためには、武器のデザインも関係する。隠しもつのに最適なピストルは、取り出すときに衣服にひっかかるような突起が少ないものだ。

実際には、なにもしないことが最善策である場合もある。銃を携帯すれば可能性は生まれるが、戦うことが最善の選択ではなく、良い選択ともいえないこともある。たとえば1980年にロンドンで起きたイラン大使館人質事件では、人質のなかに、武器を所持したイギリス人警官がいた。この警官は銃を取り出し攻撃を防ぐタイミングを逃し、その結果、事件のあいだずっとそれを隠しもったままだった。

いつでもその銃を使うことはできたが、警官は使わない選択をした。6人もの人質犯が相手では火力で大きく劣り、敵を複数倒して状況を変える前に、自分のほうが殺される可能性が高かった。人質を殺害しはじめるといった緊迫した事態になれば、それを阻むために、警官は間違いなくあらゆる策をとったはずだ。警官は、特殊部隊の人質救出チームが大使館の建物に突入したときには、これを支援することができた。撃たないという決断は、この事件の場合には正しかったのである。

事件が起きた時点で、銃を手にしても遅すぎることがある。しかし、事態が絶望的でほかに選択肢がない場合は、相手の気をそらすことを行うか、そうなるのを待ち、ためらわず迅速に行動するしかないこともある。ただ、そうしても、勝算があるかどうかはわからない。

銃の保管

銃を保管する場合は、イラストのような専用の保管庫におくべきだ。カギで開閉するものであれば、つねにカギの保管場所を把握し、安全な場所に隠しておかなければならない。また、弾薬の安全な保管も必要だ。

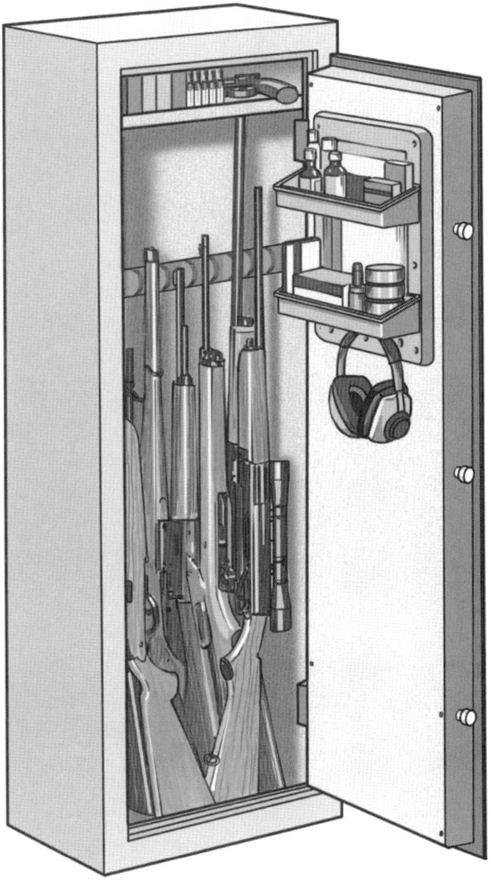

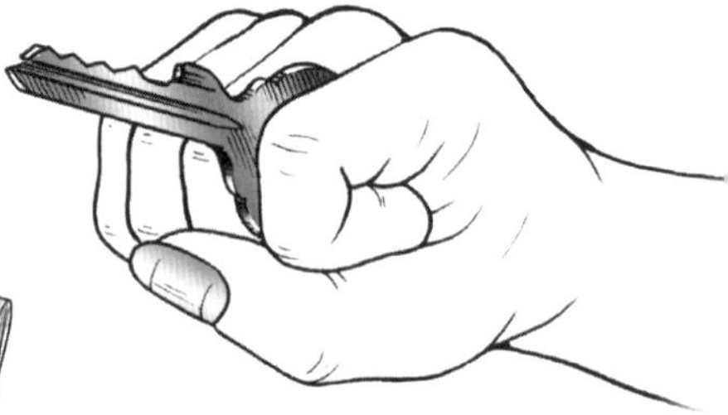

第7章

予想されるさまざまな危険に対抗できる最適な武器のリストを、長時間かけて作り上げるのもよいが、暴力を振るわれることになったら、そのとき手にしているもので戦わなければならないのが現実だ。

即席の武器とさまざまな武器

なにかを即席の武器として使うかどうか判断するときに、考慮すべき問題が3点ある。まず合法性だ。一般市民が攻撃を受けた場合、使う武器が急場のものであれ戦闘用のものであれ、武器使用に関する法律にしばられる。脅威への対応はそれに見合ったレベルのものでなければならず、武器を使えば起訴される場合もある。攻撃側が人数や身体的能力で圧倒的に上回っていたり武器を所持したりしているような、非常に危険な場合は、武器の使用が正当な状況といえる。しかしそうでなければ、武器を使えば法の網にかかりかねず、それは一番さけたいことだ。

「備えがないことほど、現実に起こるものだ」というのはもっともな言葉だが、たいてい、身近には武器として工夫できるものがなにかあるものだ。

不要なリスク

武器使用が合法だとする。また、それを使用するのが武器使用訓練を受け、そのスキルや交戦規則にのっとった兵士や警官である場合、つぎに問題となるのは、武器を手にしようとすることで防御側が不要なリスクにさらされないかどうかだ。たとえば、相手が至近距離にいて攻撃してきたときに、「相手と同等に戦えるもの」を探そうと背を向ければ、間違いなく撃たれる。武器を拾おうと前かがみになって敵にあっさりと撃たせるよりは、素手でも戦

銃剣による攻撃に対処する

武器をもっていない場合に銃剣で攻撃を受けたら、突きの内側に踏み込んでかわすとよい（A）。それから片手で突きをはらい、もう一方の手で、なんでもよいので利用できそうなものをつかむ（B）。

A

B

続いて、攻撃側が再度銃剣を構える前に、その頭部へと一撃をくわえる（C）。

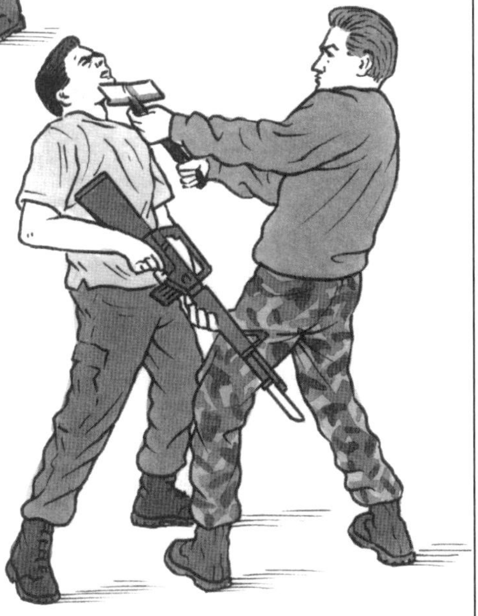

C

ドア・キー

キーのようなありふれたものでも、武器に使える。相手につかまれた場合に、相手の腕にキーをくい込ませて振りほどくのが一番だ。これで決着がつくわけではないが、つぎの一手を繰り出せるし、逃げるチャンスも作れる。

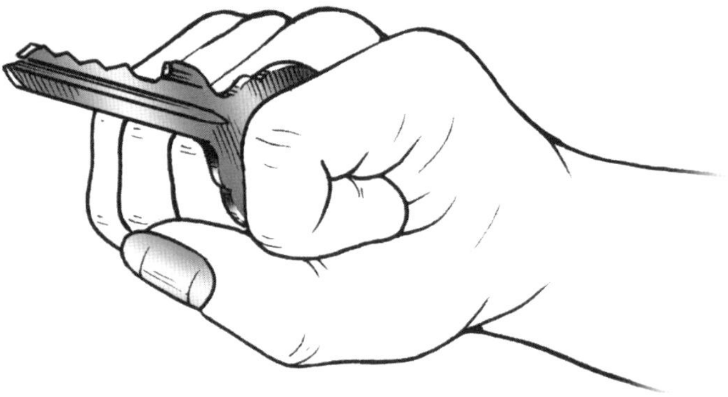

ったほうがよい。

最後の問題点は、武器のもつ効力だ。武器に転用できるものでも、状況やそれをもつ人しだいでは効果を発揮できない。あまりに重くあつかいが簡単ではない武器は、使わないほうがよい。命中したときのダメージがどれほど大きくとも、重さのせいで武器として使うのに時間がかかればたいして役には立たない。

逆に、効果が大きすぎる武器もある。鈍器を手足にふるっても致命傷にはならないが、鋭器や刺器を使えば相手は出血する。

こうしてもなんの問題もなく違法でもない状況は多いものの、敵を切ったり刺したりするつもりがあるのか、あとで法や感情の問題と向き合う覚悟はあるか、自問すべきだ。

即席に利用するような物の多くは、他の武器と類似性がある。たとえばドライバーは、切る攻撃はうまくできないが、少なくとも刺す場合はナイフ代わりに使える。警棒やナイフに形状が

家庭用品

家庭用品や園芸用品も、武器として役に立つことは常識だ。小型の軽い用具はキーと同じように、相手の体にくい込ませればとても効果があり、相手は痛みでつかんだ手を離す。大型の用具は、攻撃と防御の両方に使える。

近いものなら、警棒やナイフとほぼ同じ使い方ができる。武器に転用する物の多くはそれぞれ特徴が異なるので、最適な使い方を考える必要がある。

気をそらすツール

武器とまではいえず、ターゲットに損傷をおよぼすことはほとんどなくとも、戦闘に利用できるものもある。こうしたものには、武器としてではなく、

空港の保安検査

空港で搭乗するさいにはよくこう聞かれる。「武器として使えるものを所持してはいませんか」。正直に言うと、たいていの人は所持している。つまり、使い方を知っているか、うまく使おうとすれば、実質どのようなものでも他人に害をおよぼす武器として使える。しかし、バッグのストラップを絞殺用のロープ代わりにする方法や、ペンでも相手にひどい刺し傷を負わせられることを長々と説明するのは、おすすめできない。どんなに賢そうに見えても、だ。

ひとつには、そう答えることで逮捕されたり、少なくとも航空機への搭乗を拒否されたりしかねないからだ。検査員は、とにかく、万が一にも害を与えかねないものを所持しているかと聞いているのではない。武器として製造されたもの、あるいは簡単に武器にできるものがないか見ているのだ。ハサミなら、ナイフ代わりの武器として使えばかなり役に立つが、プラスティック製のペンでは、そううまくいかないのが現実だ。

このため、どんなものでも武器としての使い方を考えておくのは役には立つことではあるが、常識を働かせること（と空港で逮捕などされたくないという気持ち）が必要だ。なかには、簡単に武器として使えるものもある。使えるかどうか微妙なものもある。空港の保安検査で、搭乗時に所持することを止められなければ、即席の武器としてはあまり役に立たないといえる。

相手の気をそらすという使い方がある。この最たる例が「相手の顔に砂を投げつける」という手段だ。アクション映画ではこれまでにも、絶望的状況に陥ったヒーローや、フェアな戦いをしない悪党がこれをやる場面が数えきれないほど出てきた。砂利や雪でもよいので、蹴って浴びせれば、顔になにかが飛んでくるのが見えて相手はたじろぐだろうし、砂やほこりが目に入れば、一時的にせよ戦えなくなることもある。

どんなものでも、顔に投げつければ一瞬でも相手の気をそらすものとして有効だ。護身のエキスパートの多くは、この目的でポケットに小銭を入れておくことをすすめるが、なんでもよいのだ。強盗にあって「険悪な状況」になりそうなときは、要求されているまさにその品物を、気をそらすのに利用できる。財布や時計（その他なんであれ）を手渡すのではなく、強盗の顔に向けて放り投げ、相手が一瞬たじろいだ隙に痛烈な１発を見舞えばよい。

しかし、結局、素手で相手のナイフや銃に組みつくしかなければ、この手を使ったところでうまくいく望みは薄い。それでも、こうするしかない場合もあるだろう。あるいは、その隙に自分の武器を取り出すことができ、それでけりがつくこともある。

石など小型だが重いもの

とくに戸外では、たいていの場所ではあたりに小さくともかなり重いものが多数転がっている。一番目につくのは石だ。拳程度の石なら武器に使えるが、実際には石を手にするときの手段はごくかぎられている。石で有効打を繰り出すには、ハンマーのように振り下ろすしかなく、石が鋭利であれば、石をもつ手を負傷する危険もある。

手にもてる程度の大きさで重みのあるものには、友人を襲う敵を背後から殴打して倒したり、敵の手や足首や膝を強打して逃げるチャンスを作ったり、つかまれているのを振りほどいたりするといった用途がある。このように使えるものは石のほかにも多数ある。たいていの家や市街地では缶詰なら見つかるだろうし、重さがあって手にもてるものならなんでもよい。

相手に応戦のテクニックがあれば、石で決定打を繰り出すのは難しい。こうした武器は、背後から相手に振り下ろして殴打するか、相手を倒し、支配的な体勢から体重をかけて打ち下ろすような場合に使うと効果が高い。これらは「戦う」テクニックというよりも「とどめ」の一撃といったほうがよく、頭蓋骨を破砕してしまうこともある。軍の任務であればこうなっても問題とはならない場合もある。石で殴打してまでも戦おうとすれば、その兵士は、批判されるよりもメダルを授与される可能性のほうが高い。だが一般市民の自衛となると、問題だ。

相手にまたがり石で頭を殴打すれば、自衛のためだと主張しても通らない。このため石は、自衛目的ではなく絶望的状況で使う武器といえる。現実には、石の類は、相手に投げつけ、その隙に逃げたりもっといい武器を探したりするといった使い方をするほうがよい。

大型で重いもの

大型で重いものは、個人が戦いに使

う武器として最適とはいえない。もち上げたり、振り回したり投げたりするのにかなり力を要するものを使っても、たいていはうまくいかない。なにより、こうしたもので戦うと体力を消耗するし、攻撃の最適なタイミングを計ることは難しい。そうなると、敵が反撃を行い、さらにはこちらが攻撃できる範囲から出てしまうこともある。また、相手が繰り出した一撃を重いものでブロックするのは、背後に隠れられるほど大型のものでもなければ、実質不可能だ。

重いものを武器にする場合は、ぶん

消火器

大型の消火器は武器としては重くあつかいづらく、使うとなると、かなり大きく、相手にはっきりとわかる動きをしなければならない。武器として使えるのがこの類のものしかない場合は、それで殴打するよりも、相手の胸部に投げつけてよろめかせるほうがよいだろう。

余分なものまで使って仲間を巻き添えにする

法執行官や治安を担う兵士には、大乱闘のなかで無能力化剤のスプレーを使うような、やりすぎる仲間と行動をともにするのを嫌がる者は多い。だが、3人がかりでなければ抑制できないほど暴れるような容疑者は、どうみても、なにも使わずにとりおさえられる可能性は低い。

ぶん振り回したり、頭上にもち上げ前方すぐそばの敵に投げたり落としたり、前方にまっすぐ突き出すようにして相手を押しやったりすることになる。どれも、よけるのはかなり簡単ではあるが、うまくあたれば非常に効果が高い。

液体、スプレー、粉末や刺激物

温度にかかわらず、液体は相手の気をそらすのに使え、危険な武器になる場合もある。苛性の液体や非常に熱い液体を浴びると、目が見えなくなったりやけどを負ったりすることもあり、不快な成分がわずかに入っているだけでも、目に炎症が生じたり、呼吸困難に陥ったりする。石油や軽油類を浴びると相手は焦り、優勢だった者も、瞬時に逃げ出す立場に転じてしまう。火をつけられる、あるいはその場のなりゆきで火がつくかもしれないという恐怖は、大きな阻止力となる。

生死にかかわる戦いなら、この種の危険物を使っても認められるかもしれないが、護身の場合は、こうした極端な対応をするまでのことはないだろう。とはいえ、危険性の低いものなら、刺激物や液体は相手の気をそらすのには有効だ。たとえば、ホットコーヒーのカップを相手の顔に投げつけるとしたら、コーヒーの温度しだいでかなりひどいやけどにもなれば、まったく外傷はつかない場合もある。しかしどちらにしても、少なくとも相手はたじろぎはするだろう。そうすれば、武器を手に取ったり、素手で攻撃したり（多くの場合、これが最善策だ)、その場をすみやかに離れる時間を稼げる可能性がある。

粉末やスプレーにも即席の武器として効果的なものがある。敵に向けて消火器を噴射すれば、一時的に相手は攻撃できなくなる。消火器は、タイプによってその性質が異なる。粉末タイプの消火剤を吸い込むと少なくともある程度はせき込み、呼吸しづらくなる。水消火器なら、せいぜい不快になるくらいだろう。それでも、水を勢いよく顔に噴射させると相手はたじろぐし、それにくわえ、消火器は相手を殴打する重い鈍器としても使える。

跳ね返り

液体や刺激物を武器にする場合の一番の問題点は、中身が飛び散り、使っ

トウガラシのスプレー

トウガラシスプレーは相手に致命傷は与えないが、護身用の武器としては役に立つ。まっすぐ相手の顔に向けて噴射し、強い刺激で相手がひるむ隙に、急いで逃げるのだ。攻撃側が武器をもっている場合は、目が見えずにパニック状態のまま、勢いよく突っ込んでこないか注意すること。

た側にも跳ね返る可能性があることだ。最新タイプの無能力化剤スプレーを使う場合にも、これが問題となる。無能力化剤のスプレーは法執行機関の兵士が携帯しており、一般市民の使用が合法な地域もある。このスプレーは、顔に向けて液体やガスを噴射する。届く範囲は狭いが、致死性が低く、治安任務や護身には有効な手段だ。

スプレーにはさまざまな種類があり、催涙ガスと同種の刺激性化学物質を使用しているものや、トウガラシを原料とするものもある。化学物質を浴びると目や呼吸器に刺激を受け、痛みが生じて目を開けていられなくなる場合が多い。スプレーの中身によってはある程度平気な人もいれば、一般よりひどい症状が出る人もいる。無能力化剤のスプレーは「致死性の低い」武器だとみなされてはいるが、とくにターゲットが大量に浴びた場合は命にかかわることもある。

無能力化剤のスプレーを使うときには、通常は利き手でもち、利き手ではない側の手をしっかり前に出して相手をはばみ、心理的障壁にする。その余裕があれば、警告するだけでも、敵を思いとどまらせたり従わせたりできる可能性がある。使う必要があれば、スプレーは顔に向け、相手との間合いが腕の長さ程度のときに噴射する。あまり近い位置でスプレーしたり、仲間と取っ組み合いをしている犯人にスプレーしたりすると、思わぬ相手がスプレーを浴びてしまうこともある。

椅子

椅子はよく即席の武器として使われる。どこにでもあるからだろう。手近にあり、そのままで武器として使える。どっしりとした椅子は、その背後に隠れることくらいしか役に立たないが、軽い椅子なら、使い方を知っていれば有効な武器となる。

椅子の背をもつか、脚をもって振り回そうとする人は多いが、このやり方は、映画に出てくるようにはうまくいかない。軽い折り畳み椅子の場合、椅子をもつ者の腕に折れかかってくると厄介なことにもなる。

椅子を盾と武器の両方にすれば、もっと有効に使える。座面を自分の前にして、背を左右どちらかに倒し、脚を敵に向ける。少なくとも脚が２本は敵を向くようにし、相手に激しく突き出す。こうすれば、同時に体と頭にぶつけることもでき、敵をうまくうしろに押しやれる。

こうして使えば、椅子は非常に防御にすぐれた家具だ。顔に向けて強く突けば、相手は攻撃を中断する。これだけで相手を無力化するにはいたらないだろうが、痛みに気をとられ、攻撃す

木製の椅子

簡単な造りの木製の椅子でも、武器と盾にできる。振り回すのではなく、座面をもって脚を敵に向け、激しく突く。こうすれば、相手との間合いを保てるのと同時に、痛みを与えることで相手は退散する可能性もある。

るのが難しい状況にもなる。こうなれば、追い詰められていた防御側にも十分勝つ見込みが生じる。

小型の棒

武術で「小型の棒」といえばクボタンだが、実際には、武器として振り回すには短くても、重みがあって固いものならどんなに短く小さくても十分だ。ペンでも小型の棒として使えるし、切れ味がよくないので切りつけるには不向きの食事用ナイフもそうだ。こうした小さな品は、うまい使い方を知らないと実際には相手にたいして危害をくわえることにはならず、なにも手にせず徒手格闘した場合の「力の増幅器」になる程度だ。

小型の棒のもち方には基本的なものが3つある。一番よくあるのが、中心点をくるむように握り、拳の両側から棒の先端を突き出すものだ。さらに、棒を手の親指の側から突き出す順手の握りが「ハンマー・グリップ」。掌底から武器を突き出す逆手の握りが「アイスピック・グリップ」だ。ほかにも握り方はあり、細かいものをあげればきりがないが、その多くは難しく、高度な訓練を積まなければ使えない。

小型の棒でも、それをもち殴打すれば打撃に固いものによる衝撃がくわわる。棒の重さで効果が増すというわけ

クボタン

クボタンはキーホルダーとして売られていることも多い。キーホルダーになるにもかかわらず、大半の警察ではクボタンはまず武器だと認識されているため、武器が禁じられている地域で所持すれば違法だ。珍しいキーホルダーだ、と言い訳しても、「これはプレゼントで、武器とは知らなかった」と主張したところで認められはしないだろう。

ではないが、手だけの場合と違って相手に「力負け」しない。これによって、手だけで殴打しても効果がない部位にも打撃を見舞うことが可能になる。

小型の棒のテクニック

小型の棒を使う場合、ナイフで突くのとほぼ同じ形で前に突くか、あるいは、掌底を使い、拳槌《けんつい》タイプの殴打を見舞うのが基本だ。突きは、通常は胴体前面や顔を狙うが、のども、届けば非常に効果の高いターゲットだ。手で同じ攻撃を行うときよりもずっと致死性は高い。このタイプの攻撃は、首やこめかみ、胸部側面に向け、くい込ませるようにすることが多い。大腿筋側面にこのタイプの打撃を見舞えば、脚が痛み、ほぼ、戦ったり追跡したりできなくなる。

拳槌タイプの上から下へと打ち込む攻撃は、手にも有効だ。つかんだ手を離させるのにはよい。相手が手を動かしているときに狙ってもうまくいかないが、相手の手をつかんで動かせないようにすれば、あてやすくなる。

小型の棒などを、相手に押しあてえぐるようにするのもよい。筋肉や脂肪が少ない部分を狙って攻撃すれば、激痛が走る。これで決着がつくわけではなくとも、相手がこちらをつかんだりのどを絞めたりしているときであれば、手を離すだろう。カギやペンその他、固いものならこうした攻撃が可能だ。

ほうきの柄と銃剣

ほうきの柄のような長い棒は、剣先のない槍と同じように使えるので、離れた位置から敵の顔やのどを突くとよい。接近したら、カヌーを漕ぐような動きで殴打したり、打ち返そうとする相手をかわしたりする。

A

B

C

棒でジャブを見舞う

　胴体に激しく突きを入れると、相手は前のめりになって、つぎの打撃に無防備になる。棒を振り回して殴打してもよいが、頭部やのどへの突きも効果的だ。事実、第二次世界大戦中のコマンドーは、首への突きを殺人技として教わった。

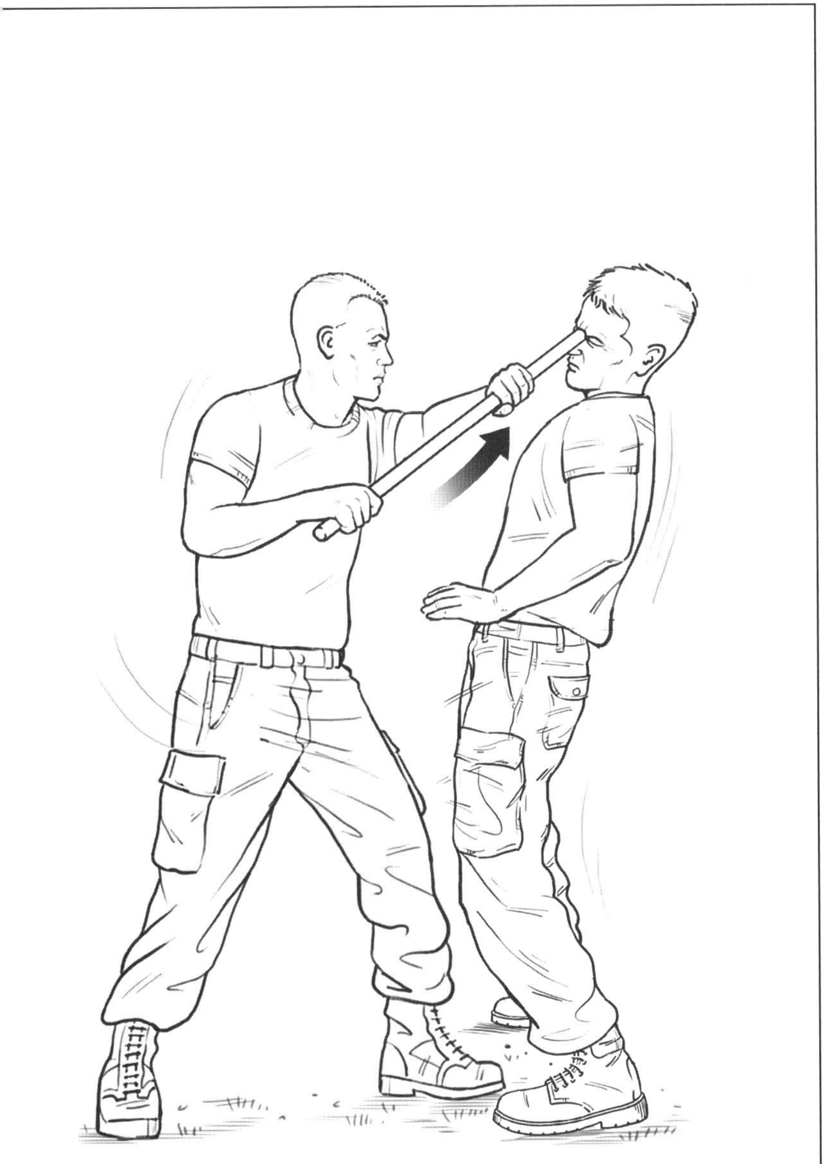

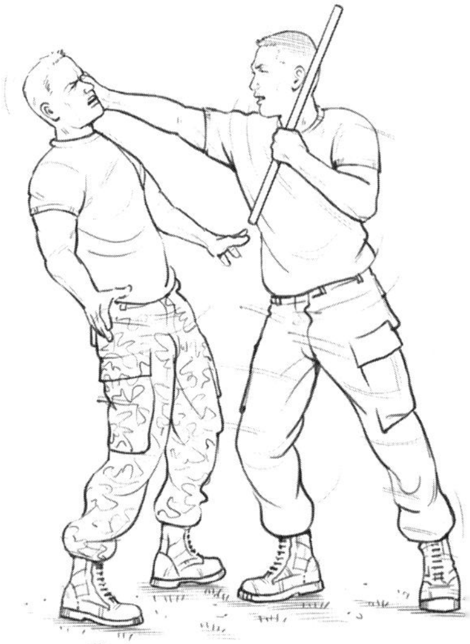

第8章

武器は、「素手」で戦うテクニックと組み合わせれば効果も上がる。

武装戦で使う「徒手」格闘テクニック

武器を手にしていると、大半は武器を使う以外のことはほぼ頭にはなく、キックや頭突きや、素手による打撃を繰り出すことはほとんどない。ナイフをもっているときに、空いた手で相手をつかんでコントロールしようとすることが多いのは例外だといえる。武器をもつ手を相手につかまれて動かせなくなったとしても、どうにか手を振りほどこうとするだけのことが多く、もう一方の手で相手を殴ったり、膝を蹴り入れたりしようとはしない。武器を動かせるようにするには、こちらのほうが効果的手段であったとしてもだ。

徒手格闘テクニックの多くは、武器を使った接近戦でもおおいに役に立つ。武器を使うと見せて相手の注意を引けば、相手は膝や股間へのキックに無防備になることもあり、それがうまくいけば武器も効果的に使える。

敵を地面に倒すのに使える徒手テクニックもある。倒せば御しやすくなるし、武器を使うスペースもできる。

さらに、徒手格闘テクニックで敵を「シャットダウン（相手の動きを止める）」できれば、相手は、戦いに勝つことどころか、自分が受けている攻撃

武器を手にしていると、武器だけに攻撃を頼ってしまいがちだが、実際には武器使用は選択肢のひとつでしかない。相手が武器による攻撃だけに備えているときにキックしたりつかんだりすれば、それで相手を倒すことも可能だ。

手で殴打する

殴打する場合、腎臓周辺部やみぞおちなど、体の柔らかい部位に対してはまるめた拳、あごなど固い部位に対しては掌底が一番効果的なツールだ。手の側面や力を込めて伸ばした指は、のどや首側面への攻撃に使える。

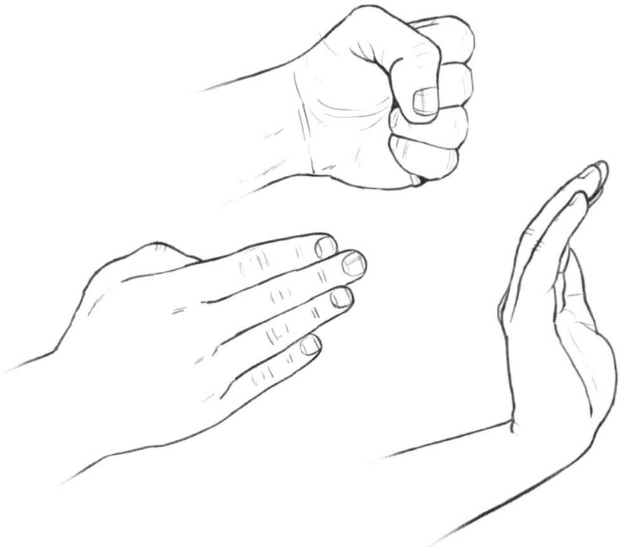

をどうにかすることに注意が向く。シャットダウンのテクニックは、決着をつけるものではない。だが、とどめの1発を放ったり苦境から逃げ出したりするチャンスが生まれ、その場の主導権が移ることもある。

押しのけるテクニック

押しのけるためには、おもにふたつテクニックを使える。片手と両手で行うもので、やり方はどちらも同じだ。相手にもたれるようにして何度も押すのではなく、殴るような勢いで激しく突くように押し、よろめかせ、相手と

効果的な突き

突きを効果的に使えば戦闘のツールとして非常に役に立つ。キックや殴打するため、あるいは武器を取り出すための余裕が生まれるのだ。両手で突く場合には腕の付け根あたりをめがけ、相手の体を後方へのけぞらせて体勢をくずす。

の間合いをとる。こうすれば、武器を取り出したり、うまく振り回せるスペースを作ったりすることができるし、武器を構えて抑止力とすることも可能だ。突き飛ばされ、ピストルやナイフを突きつけられれば、相手はそれ以上向かってはこない可能性もある。

両手で押すのは、両手になにもないか、手にしているのがごく小さなもののときだけだ。相手の肩の下を狙い、鎖骨下部の、肩関節が胸筋と接するあたりを突くとよい。

腕をまっすぐ伸ばしながら激しく突き、勢いよく動いて体重を前にかけることが必要だ。真正面から腕を突き出せば、相手は少しうしろにのけぞり、バランスをくずして数歩後退するはずだ。それでも相手はどこかで踏みとどまりはするだろう。そうでなければ、遅かれ早かれ姿を消し、もう危険な相手ではなくなる。とどまって戦うのであれば、こちらに近づいてこなければならず、そのときが相手を殴打するチャンスだ。もちろん、相手が戦い続けようとはしない可能性もある。押しがうまく決まってふたりが離れれば、少し間があくことで我に返り、戦い続けたくはないと思うこともあるだろう。

片手で押す場合は、通常は利き手ではないほうの手で、胸の真ん中めがけて行う。胸骨か、そのすぐ上を狙うとよい。強く押すと、体ごと後退するだけでなく、胸腔を押さえられるので非常に不快だ。これで敵の気が散り気持ちがなえると、次の打撃に備えられなかったり、「下がれ」という怒鳴り声に思わず従ったりしてしまう。こうなると、もう一方の手に武器をもっていることもあり、決着がついたも同然だ。そうならなかったとしても、相手を押しやることで武器を使うスペースは生まれる。

シャットダウンのテクニック

「シャットダウン」のテクニックには、敵より優位に立つための「卑劣な手」が多数ある。相手とごく接近しているときにしかうまくいかないが、こうした状況では、相手を打撃するよりも効果的な場合もある。至近距離で戦うのは、武器を利用するだけのスペース作りや、敵が武器を使うのを阻止するためだ。武器をもつ相手を自分から遠ざけることが、いつも望ましい策だとはかぎらない。相手が武器をもつ場

卑劣な手

こちらに深刻な危害をくわえようとする相手と戦うときには、勝つためにはどんなに汚い手を使っても当然だ。軍の戦闘システムでは、股間へのキックを取り入れているのがごく一般的で、ブーツのつま先を蹴り入れる。足はブーツに守られているので負傷する心配はない。キックの威力は非常に大きいので、股間ではなく大腿部や胴体にあたっても敵はダメージを受ける。

股間へのキック

股間への打撃は、即座に戦いに決着をつけるものではない。打撃のダメージは一時的なもので、痛いし動きは止まるが、相手を倒すまでにはいたらない。続けて攻撃を繰り出す態勢をとるか、隙をついて逃げる必要がある。

合は、相手と間合いをとるよりも、相手がなにをしたいのであれ、そこから気をそらさせるほうがよいだろう。

手で顔に攻撃する

シャットダウンテクニックのなかでも一番基本的なものは、「顔に手で」攻撃するものだ。通常は利き手ではな

目を攻撃する

　目を指で突いても必ずしもすぐに決着がつくわけではないが、敵はたじろぎ、つぎの攻撃に無防備になるだろう。指は力を入れて伸ばすのではなく、やや下向きに曲げ、目をはずして額にあたってしまっても指が折れないようにしておく。

顔に手で攻撃する

相手につかまれ、その手を振りほどきたいときには、相手の頭を押しやるとよい。同時に指で目を突いたり鼻をつぶしたりできれば、相手はひるんで後ずさりするので、手を振りほどくのもずっとやりやすくなる。

いほうの手を使うが、どちらの手であっても効果はあり、ときには体のほかの部位や武器で行える場合もある。

片手を相手の顔にあててうしろに押せば自分から「引きはがせる」し、相手の上半身はのけぞる。こうすれば、きつくつかんでいる手も離れる。首を圧迫されるので、敵は手を離すしかなくなるのだ。しっかりとつかまれている場合は、そうでもしなければ振りほどくことはできない。相手の顔に張りつけるように手をあてれば、手にかみ

顔に前腕で攻撃する

頭部に打撃を見舞ったり相手を押しやったりするときには、前腕部も役に立つ。のどに向けるのもよい。敵が突っ込んできたら、前腕で止めることもできる。こちらが伸ばした腕を、相手が脇に押しやることもあるかもしれないが、力を込めて「ロックした」前腕を押しのけるのは非常に難しい。

つくこともできないはずだ。

同じく手を使う攻撃には、指を相手の眼窩に突っ込むか、相手の顔をひとつまみしてひねると同時に押しやるというものもある。やる側もあまりいい気分ではないが、やられるほうも不快で激痛が走り、たいていは自分の顔をかばうことに気持ちが向くため、相手を押しやるにしろ、武器を使うにしろ、うまくいく可能性はずっと高くなる。

親指で目を突く

親指で目を攻撃することも可能だ。ほかの指で相手の側頭部をつかんでおけばよい。目を突けなかったときは、親指を頬骨の下に突き立ててぐいぐい押し込む。

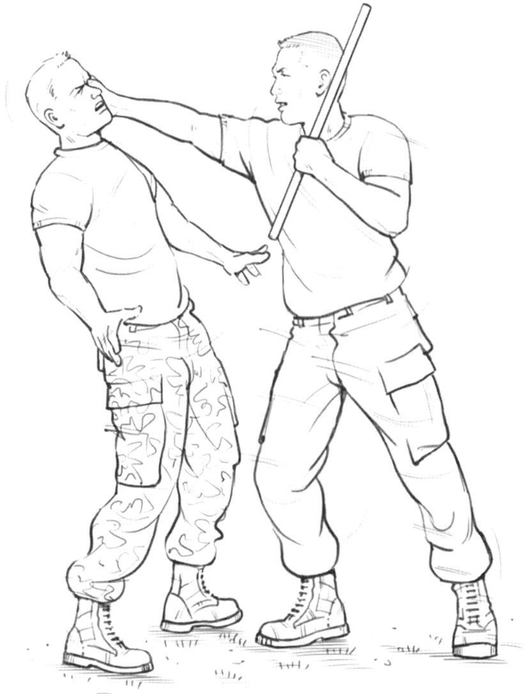

前腕で顔に攻撃する

顔に前腕を向けるのも敵のシャットダウンには効果的だ。組みつきの場合のテクニックのひとつで、前腕の骨部分を敵の顔にのめりこませるようにする。腕の内側を使って相手をホールドすることが多いが、外側で相手の頭を地面や壁などに押しつけることもある。警棒や武器の取っ手もまた、同じように押しつけるのに使える。頬骨と歯は

バーチョーク

前腕を相手ののどに押しつけるだけでできる簡単なバーチョークも、敵がうしろに下がれない状況では効果が高い。相手を地面に倒して、体重をかけてバーチョークをするのが一番効果的だが、壁を背にしたときにもうまくいく。

特殊部隊のヒント——強く殴打するか、なにもしないか

武器を使った戦いに中途半端は禁物だ。できれば争いを避けることだが、どうしても戦わなければならないときは、全力をつくすべきだ。ためらいがあれば、自分ばかりか、周囲の仲間が命を奪われることもある。

一番のターゲットだ。相手の頭が横向きになるくらいがよい。こうすれば、骨や歯が折れるかもしれないと恐れ、相手の気持ちはすべてそちらに向くだろう。

前腕や武器の柄を横にして相手ののどに押しあてるのも、同じく効果的だ。のどを絞めると、相手はそれを振りほどこうとするか、あるいはうしろに下がったためにスペースができる。鈍器は「たわみ」がないので、のどを絞める《チョーク》のに非常に効果的だ。しかし、気道がつぶれてしまったり、鈍器を使うとき

警棒を使った抑制

警棒でものどを絞める《チョーク》ことが可能だ。横にした警棒に一方の腕をくぐらせて警棒をのどに押しあて、その腕をぐっとうしろに引いて自分のシャツをつかみ、首の血管を絞める。もう一方の手で警棒をひきつけたり、少し緩めたりすると、のどを絞めつける強さを変えられる。

の力加減がわかっていなかったりすると、思いがけず命を奪ってしまうことにもなりかねない。

ひじ打ち

ひじを使った打撃は至近距離では大きな威力を発揮し、手になにかもっているときにも繰り出せる。フックでもストレートでもよいが、全力で行うことが必要だ。

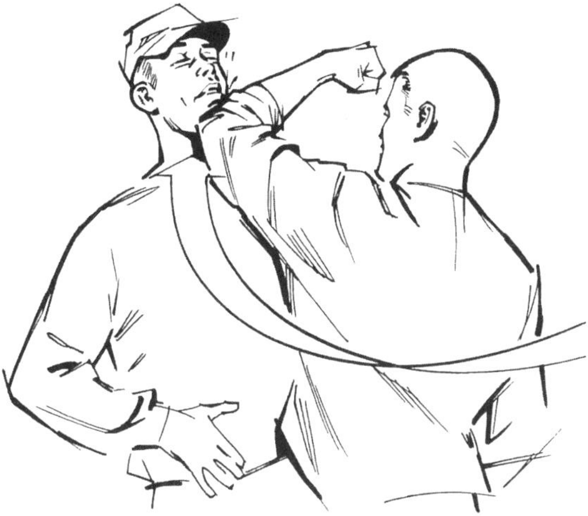

第9章

武器使用のテクニックは、武器を使用した攻撃や防御をシミュレートすれば、効率よく学べる。

武器使用の訓練

重いサンドバッグに向かってひとりで行う訓練は、ある程度は効果がある。鈍器を使って、バッグ相手にナイフで突いたり刺したりする攻撃を訓練できるし、棒でバッグを打てば、ターゲットに打撃を行う感覚をつかむのに役に立つ。同じく、射撃場で的を狙うのも、火器訓練の王道だ。

白兵戦や接近戦の訓練は、パートナーを相手にするか、教室でやるしかない。訓練では武器の「実物」は使用すべきではない。この点は明白であり、まともな人間なら、武器を奪う訓練に装填済みの銃を使うようなことはしないが、ばかげた行為がないとはいえず、間違いも起こりうる。このため、本物の武器は訓練場にはもち込まないほうが賢明だ。本物の（鋭利な）ナイフは、訓練用の切れないナイフと見た目はそっくりなので、誤って使用することもあるからだ。武器使用の訓練を行うときは、安全のための確固としたルールがなにより重要だ。日常の訓練の目的は、兵士の戦闘力を奪うことではない。それでは逆効果だ。

とはいうものの、実際の訓練で、できるだけ現実に近い武器を使うことも重要だ。切れ味のよくないものでも、金属製ナイフなら本物と同じように使

戦闘訓練においては、正しい心構えと、戦闘時のストレスに耐えることを教え込むために、実際の戦闘状況をシミュレートすることが必要だ。

野球のバットを使わせない

フォアハンドのスイングに対しては、一方の前腕を相手のひじ内側に、もう一方をひじと同じ側の肩にたたきつければ妨害できる。強打してバットをもつ者の動きを止める必要がある。それから相手を倒すとよいが、膝蹴りも使える。

特殊部隊のヒント――チームワーク

ひとりで戦うよりも、チームで動くほうが効果的だが、武装した人々の集団が必ずしもひとつのチームだとはいえない。互いに邪魔するような動きをしていると、うまくいっているときでさえ危険だが、武器を使うとなると命とりになりかねない。特殊部隊は武器使用の訓練を行うだけではない。チームメートと協調した行動をとって、死傷者を減らし、最大限の効果を上げる訓練を行うのだ。

ナイフの訓練

本物に近い訓練用ナイフを使うと、現実味がいくらか増すことで、対ナイフ訓練の緊張感が高まる。とはいえ、訓練用の武器が鋭利であってはならない。訓練とは、失敗を犯し、そこから学ぶためのものだ。鋭利なナイフを使うと、小さな失敗でも高くついてしまうこともある。

教官のヒント――なにをすべきか理解する

戦闘訓練のインストラクターは、戦いでは躊躇が命とりになりかねないこと、そしてどうすべきか判断できないことが躊躇する大きな原因だという点を理解している。すぐれた戦闘訓練では、迅速に、そして直観的に行動することを教える。完璧な対応をしようと、突っ立ってあれこれ考えたり、自分にできる最善策を実行してはみたものの手遅れになったりするよりも、次善の策でもすぐに実行するほうがよいのである。

える。刃に触れれば、本物なら切れていたはずだということも理解でき、少なくともゴム製ナイフを使うのとはレベルが違う。同じく、パッドつきのバットや警棒を使えば、あたれば痛いが、相手に負傷はさせない程度に打撃練習をすることができる。こうした訓練はミスしても危険は小さい。しかし、それで十分だと思う人はいないだろう。

武器使用訓練の多くは型が決まっており、ひとりが攻撃し、もう一方が防御するという形をとる。これは個々のテクニックを学ぶにはよいが、そこまでの訓練でしかない。ある時点で、ボクシングのスパーリングのような、型にはまらない形態の訓練を取り入れる必要もある。もっと決まりのない自由な形の訓練では、攻撃側が、打ち合わせ済みの攻撃ではなく自分のやりたいことをでき、防御側は、自分のレベルにかかわらず、それに対応しなければならない。

この訓練法のひとつが「ラインアップ」だ。生徒のひとりが防御側になり（武器の有無は自由）、ほかの生徒たちから連続攻撃を受ける。攻撃側はいく種類か武器をもつこともあれば、所持しない場合もある。この訓練にひと工夫くわえ、攻撃者のなかに「ポーズ」をとるだけの者を入れる方法がある。脅し、威嚇の構えはするが、実際には攻撃しない相手がいるパターンで、これも有効な訓練だ。

生徒は攻撃に対処しなくてはならない。武器を使う必要がない場合もある。しかし、どの「攻撃者」が、突然ナイフその他の武器を引っ張り出して襲いかかってくるかもわからない。

警察や治安を担う兵士は、この手の、現実的な場面設定をした訓練を行う。状況を「読み」、その場の状況に応じて行動することができなければならないからだ。護身の場合には、こうした訓練を行えば、反射的に武器に頼ることなく、攻撃的行動に対処できるようになる。

武器を使ったスパーリング

場合によっては、武器を使って「スパーリング」することも可能だ。リスクもあるので、しっかりとした監督の下で行うことが必要だが、棒対棒、あるいは棒対ナイフといった異種の武器で戦うことで、武器使用について多くのことが学べる。ヘッドガードやボディアーマーといった防具を身に着け、接触は適度なものに抑えなければならない。これにはかなりの能力が要求される。緊張しすぎて、冷静さを失い武器をぶんぶん振り回しはじめる生徒もいる。スパーリングに入る前に十分訓練を受けておけば、こうした状態に陥ることは減る。

接近戦の訓練では、「武器を奪うために戦う」筋書のものが有効だ。「棒の奪取訓練《スティック・シング》」とでも言うしかない

ピストルを使わせない

相手のピストルを使えなくするさいには、ピストルを、自分を撃てない位置で動かせないようにする点が重要だ。ピストルをコントロールしているかぎりは、防御側に勝つチャンスがある。

「棒の奪取訓練《スティック・シング》」

この訓練は、双方が棒をつかむところからはじまる。棒を奪って使える立場についた者が勝ちだ。たいてい双方ともに死にもの狂いになるが、競り合いのなかにも高いスキルを必要とし、どちらにとっても有意義であり、また消耗する訓練だ。

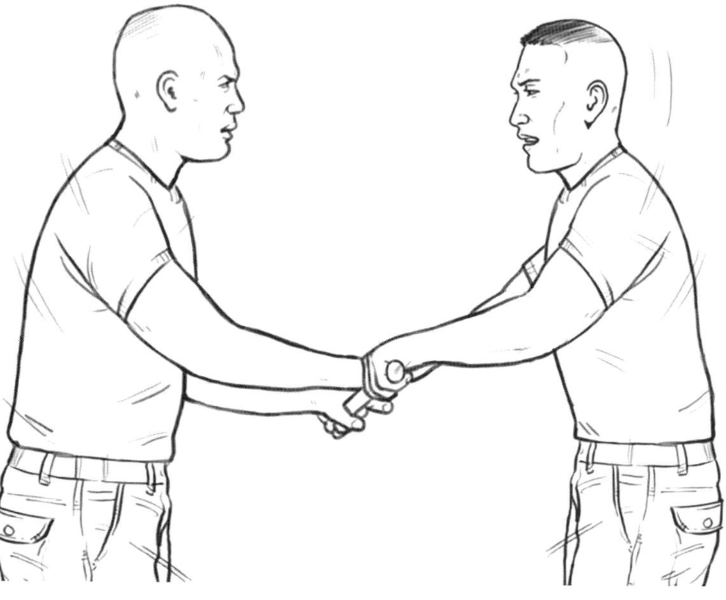

が、ふたりの生徒が双方から両手で1本の棒をつかんだ状態で訓練をはじめる。棒を奪い、敵に有効打を放つ真似をしたほうが勝ちだ。

この訓練はかなり長時間続けることができるので、生徒は棒を奪おうと工夫をこらし、どんな手口も使おうとするようになる。棒をひねっても、押しても引いてもうまくいかないときは、シャットダウンのテクニックを使うことが多い。戦いは地面に倒れるまで続くこともあり、一方の生徒が、相手に棒を手放させるために、棒で関節技やチョークをかけようとすることもある。

ナイフを使わせない

まっすぐに突いてくるナイフに対しては、ナイフを脇にかわし、相手の横に回り込む。相手の腕を抱え込んでナイフを動かせないようにし、腕を殴打して折る。後頭部にひじ打ちを見舞うのも効果がある。

この訓練からは、「ナイフの奪取訓練《ナイフ・シング》」や「銃の奪取訓練《ガン・シング》」も生まれた。有効ではあるが、間違いが生じることもあるのであまり長くは続けられない。このため、冷静さを保ちつつ、どうにかして武器をうまくコントロールする手段を学ばせるには、棒の奪取訓練が一番だ。

こうした訓練は武器に対する護身にも、武器保持の訓練にも有効だ。競り合い身体を使ううえに、思考力も要求される訓練であり、失敗したらどうなるか明白でもある。格闘術の知識を身につけた生徒に最適の訓練ではあるが、将来、武器を使うか武器を向けられることが予想されるなら、だれにでも役に立つ訓練だ。

ヒント――
戦いへの備え

兵士が戦闘に備える訓練をする場合には、「トリガー《きっかけ》」が有効なツールとして使える。ただ「ゴー《行け》！」と叫ぶだけでもよいし、相手が武器を取り出したり、武器を構えたりするような、実際の行動をトリガーにすることもある。「武器を手にしているときには、それを使う精神的備えができている」という状態にするのが目的だ。

撃つか撃たないか、攻撃するかしないかの選択は個人の判断に任される。またそれは必要性をもとに判断するものであり、精神的備えの有無によるものではない。撃つ心構えができていないために警官が殺害されたとしたら、自分や家族や同僚にとって悲劇であるばかりでなく、罪のない人々に銃を向けようとする者が銃を手にする可能性もあるのだ。

ときに、問題解決には暴力しか手段がない場合もある。待ち伏せされた兵士や、拘束しようとした相手に攻撃された警官、あるいは市民が暴漢に危害をくわえられそうになった場合は、自衛のために力を振るうほかに道はない。「悪人」の思うままに、自分をたたきのめしたり、命を奪ったりさせたところで、道義上ほめられるようなことはなにもない。武器を使うことしか勝つ道はないなら、それが自分のすべきことだ。

第3部　実戦

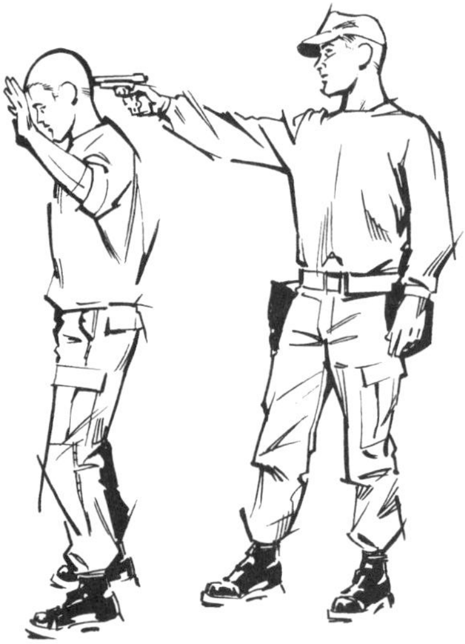

第10章

暴力を振るわれたら、そのとき手にしているもので戦うことになる。もっているのが武器であり、それを使う訓練を受けているのが理想ではあるが、手近にあるものしか使えないか、なにもない状況もありうる。

素手あるいは即席の武器による対応

あらゆる状況に有効で、教科書通りにうまくいく解決策などないが、理想的な結果はある。多くの場合、武器を使わずに「勝つ」ことが最善の結果であり、一般には、阻止や交渉や、なんらかの平和的解決が望ましい。実際には、暴力で問題が解決したのはいいが、それで新たな問題が生じることも多いのだからなおさらだ。「暴力ではなにも解決しない」というのは正しくはない。「暴力は暴力を生む」という言葉のほうが近いだろう。

丸腰の状態で武装犯による事件に巻き込まれるのは、身の毛もよだつような状況だ。最善の策は、そこを離れ助けを呼ぶことではあるが、つねにそうできるとはかぎらない。

暴力的手段ですっかり解決できる状況もあるが、これは、万事うまく収まるという意味ではない。たとえば、パトロール隊が反乱軍の部隊と接触して銃撃戦に勝てば、その問題は解決する。しかし、命を落とした反乱兵の友人や親族が、武器をとり、復讐しようとするかもしれない。その件がなければ行動を起こそうとしなかっただろう人たちだ。当初の問題は解決したが、新たな問題が生じたのである。

銃の乱射事件

おそらく、丸腰の人にとって最悪のシナリオとは、めったやたらと撃つ相手にぶつかってしまうことだ。つまり、

個人の心情

個人の心情も考慮する必要がある。命にかかわるような戦いに巻き込まれれば、たとえだれも命を失ってはいなくとも、心は痛手を負う。他人の命を奪わねばならなかったり、重傷を負わせなければならなかったりすれば、自分がしたことを一生背負わなければならない。現実にほかに選択肢がない場合には、気持ちはいくらか楽かもしれないが、それでも感情のしこりは残る。また、解決すべき法的問題もあるかもしれない。だが法に関しては、交戦規則や武器使用のドクトリンを順守していれば、罰せられることはないだろう。

銃を携帯する者は、できるかぎり、戦うよりも友情をはぐくみ、少なくとも平和裏に行動しようとする。交渉で解決できれば、武器を使わなければならない状況よりも、新たな問題を生む危険は小さい。しかし武力が必要なときは、勝って問題を終結させる覚悟で、躊躇なく用いなければならない。中途半端は敗北につながる。武装戦で負けると、結果は深刻なものになる。

個人やグループが一定のエリアに乱入して攻撃し、死傷者を出しまくるような状況だ。ナイフや斧の類を手に、逆上した人物が暴れ回っているような場面もそうだ。

こうした攻撃は、なんらかの作業や特定の任務についている兵士などおおまかなターゲットはあっても、無差別である場合が多い。犯人は獲物を特定しているのだろうが、そこにいたるまでに、おそらくは手当たりしだいに、あるいは気まぐれに襲いかかり、無差別に殺傷する。

実際に無差別に撃ちまくるような状況になれば、警察が包囲して交渉するとなれば別だが、その理由や動機などはどうでもよくなる。巻き込まれた人にとって問題なのは、自分に銃が向けられるかもしれない、という点だ。銃をもつ者の視界に入れば、狙われる危険がある。近くにいるから、という理由でターゲットにされるのが一般的だが、攻撃しやすさも要因のひとつだ。また、犯人が、撃ちやすいターゲットだけに目を向け、難しい相手には注意をはらわないこともありうるが、特定の相手を狙っている可能性はつねにある。たとえ会ったことがない相手でも、簡単に狙える獲物には目もくれず、ある特定のターゲットだけを追う可能性

銃をもち、乱暴を働く者

人質をとるのにはさまざまな目的があるが、絶望感はよくある理由のひとつだ。逃亡中に追いつめられた犯罪者は、ほかに打つ手がなくなって人質をとることがある。この状況は、政治的主張を目的とするものよりも、交渉で解決する場合が多い。

もつねにあるのだ。

こうした襲撃にぶつかったときにとれる策は、そこから逃げ、犯人を避けるか、それがうまくいかなければ犯人を無力化することしかない。説得や交渉を試みても無駄だろう。むやみに撃ちまくろうとする者は行動が合理的ではなく、情緒不安定な人物であることが多く、命の危険さえも抑止力にならないこともある。事実、多くの場合、これは自殺の異様な一形態といえるのである。

人質がいる状況

人質をとられた状況も、つねに犯人が即時殺害を目的としているわけではないが、銃の乱射事件と似た点がある。

逮捕されるのをなんとか避けようと、犯人が死にもの狂いになっていることもある。こうした場合は、当初はそのつもりなどなかったのに、いきあたりばったりで人質をとることも考えられる。あるいは要求をのませたり、強盗などの犯罪に警察が対応するのを遅らせたりするために、人質を盾にする犯人もいる。

いずれにしても、人質犯が目指すゴールは、通常は利己的なものだ。逮捕されずに金をもって逃げ、自由の身で暮らし続けたいのだ。通常、人質はだれでもよく、たまたまそばにいた人であって、必ずしも人質犯が深い憎しみや敵意を抱いているわけではない。だからといって、抵抗する人質を殺害したり、みせしめに人質の命を奪って要求を強く訴えたりすることがないとはいえない。しかしこうなるのは、多くは自暴自棄になった場合だ。

政治的主張をもつ犯人は、自分の主義と相容れないグループから人質を選ぶ場合が多く、敵意も存在する。言いかえれば、政治的動機をもつ人質犯にとって人質は「敵」であることが多く、敵に乱暴を働き、あるいは気分しだいで殺害する可能性も高い。過激主義のグループではなおさらだ。2001年のアルカイダによるテロ以降、人質事件の動機は変化してはいるが、依然、殺害目的ではなく、有利な交渉材料とするために人質をとる場合が多い。犯人グループは主義主張のために人質事件を起こすのだが、多くは、警察が犯人と交渉するあいだや、武力解決に出るまでは命は保証されているといえる。

しかし、犯人が当初から人質を殺すつもりのこともあり、それは、事件による宣伝効果を狙ったり、ハイジャックして航空機をターゲットに激突させたりするような、もっと大きな企みがある場合だ。こうした状況では、人質が抵抗を試みたところで失うものはなにもないだろう。

武器を投入した対応

人質がいる状況や銃乱射などの事件では、警察が出動し、おそらく、犯人を止めるために非公式や、半ば非公式の対応策がとられる。武器をもった市民や警備員や、単独の警官がまず対応し、できるだけ早く、犠牲者が大勢出ないうちに止めようと勇敢な行動をとる可能性もある。大規模な対応策がこれに続き、付近に非常線が張られたり、犯人を排除するため重装備のチームが投入されたりする。進行中の事件に人質救出チームが投入される場合は、人質の生命を守り救おうとするのはもちろんだが、目標は犯人による射撃の阻止であり、必ずしも個々の人質を助けることではない。またチームは、武器を所持している者がいれば、まず、警

警察の急襲部隊

「突入」しなければならない場合には、断固として迅速に行う。スタン・グレネードなど犯人の気をそらす装備を使い、武器を所持している者がいれば、問答無用で撃つことになる。武装突入に達した時点で、撃つか撃たないかを議論する余地はほとんどない。

特殊部隊の急襲

突入は、不意をつき迅速に、火力を用いて行うのが理想だ。ターゲットとする建物にできるだけ多くの異なるルートから入り、犯人たちがうまく対応する間もなく圧倒するのである。

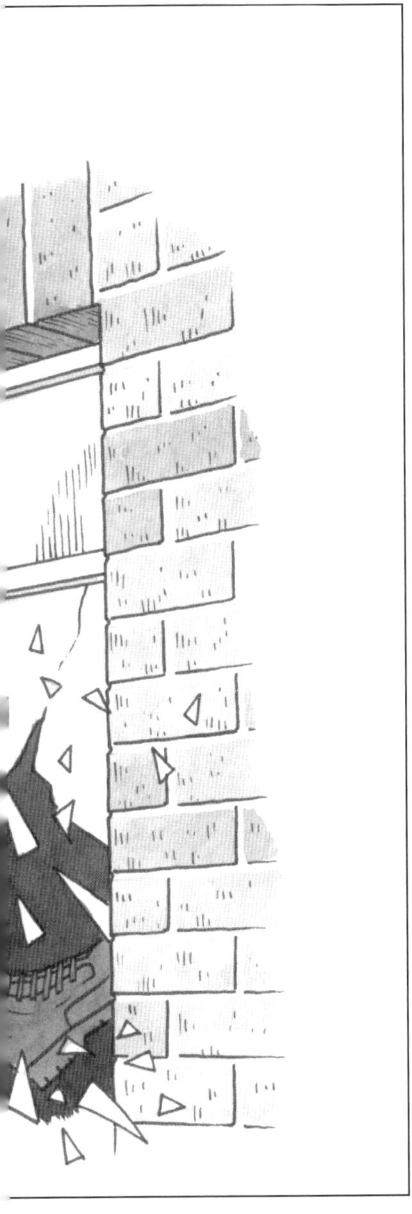

告なしに射撃する。SWAT（特別機動隊）が建物に突入したときに、一般市民の服装をした者がだれかに武器を突きつけているのを見たら、まず撃ってから問いただすはずだ。それ以外の行動をとれば、死傷者を増やすことになる危険が大きいからだ。

こうすれば間違いも起こりうるが、大勢の人に危害をくわえようとする者に対処する場合には仕方がない。一般市民が行動を起こすか、または制服ではなくごくふつうの服装で犯人に立ち向かっている場合には、自分が「正しい側」であるか、犯人ではなく人質だということがわかるようにしなくてはならない。そして誤解を避けるためには、武器を見えるようにしてもたず、攻撃者ではなく、逃げようとしていることがわかるよう振る舞うことだ。

銃の乱射や人質事件に巻き込まれた人がまずとれる防御策は、犯人（たち）に見つかる前に逃げることだ。武器をもっていたとしても、むきになった犯人に立ち向かおうとするのではなく、本気で逃げることを考えるべきだ。警察が対応策にとりかかりそうなときにはなおさらだ。

脱出ルート

脱出とは、通常はできるだけ早くそのエリアから出ることであり、まったく見つからずに行うことが理想だ。だれかを残していく場合には、逃げる決断が難しいこともある。しかしそれしか道がないこともある。逃げ出せば、迅速な通報が可能になり、警察に犯人の人数や武装の程度、そのエリアの間取りや人質や負傷者、あるいは付近に居合わせた人の人数などを知らせることもできるだろう。さらに、対応する側にとっては、救出すべき人数が減ることにもなる。

また、逃げる決断をしても周囲が行動をともにしようとしないことがあるが、それは本人たちの判断の問題だ。逃げようとしない仲間を説得しようとして時間を浪費すれば、犠牲者が増えることにもなりかねない。銃の乱射事件は非常に残忍で恐ろしく、立ち向かえるようなものではない。難しい決断を迅速に行うことが求められる。

偽装工作

脱出が無理なら、偽装が次善の策だ。射手は目に映るものしか撃たないだろうし、人質犯が建物内にいる人を見逃すこともあるだろう。これを利用すれば、あとでしのび出るか、包囲攻撃中に人質犯のもとにいなくても済むチャンスも生まれる。しかし、悪人たちを排除しようとコソコソと動き回ろうなどとは考えないことだ。警察が事態を収拾するまで安全でいる点がポイントだ。乱射事件の場合は長くは続かないが、人質事件は包囲が長引くこともある。

警察の射手

警察の狙撃手は軍の狙撃手とは異なり、比較的近距離から撃ち、隠密性や偽装工作に気を配る必要性はあまりない。しかし、市街地という雑然とした環境で行動し、つねに付近の一般市民のことを考慮しなければならない。

犯人から逃れる必要があれば、できるだけ早く接触を断たなければならない。銃乱射犯の多くは、視界から出た者には興味を失うが、すでに述べたように、ひとりをつけ狙って追い回す場

合もある。人質犯は一度目にした獲物は探し回るので、逃げたあとにも回避行動が必要だ。銃乱射犯に探すそぶりがないなら、身を隠すのが賢明な選択だ。とはいえ、最終的なゴールはそこから逃げることだ。

銃乱射犯など火器による攻撃を回避するためには、守るべき基本はすべて同じだ。混乱と騒音、それにターゲットによる予測のつかない素早い行動で照準は狂うものだ。遮蔽物（銃弾を止めるもの）と偽装（ターゲットの姿を見えづらくして狙いを難しくする簡単な障害物）をうまく利用すれば、脱出は容易になる。

　完全には逃げ切れない場合でも、ドアにバリケートを作るといった回避手段をとれば時間を稼げる。ドアにカギがかかっていたりバリケードでふさがれたりしていれば、犯人は簡単に狙えるターゲットを追う可能性がある。犯人がドアを破ろうとすれば、その隙に、別の出口から逃げることができるかもしれない。獲物が目の前からいなくなれば、追うのをやめる可能性もある。

　犯人とのあいだにドア１枚しかないという最悪のシナリオでも、ドアを破る時間があるだけで状況はまったく変わってくる。別の獲物はいないか犯人の気がほかにそれたり、警官に倒されたりするかもしれず、あるいは、大暴れした疲労から倒れ込むなど、まったく予期せぬことが起こる可能性もある。とにかく時間稼ぎにできることはすべてやってみるべきだ。数秒の違いでも、事態は一変するかもしれない。

　遮蔽物にとどまるか、もっと安全なところに逃げるか、判断が必要な場合もある。反撃の手段がない状況では、遮蔽物と偽装工作がもたらす安全は一時的なものだ。警察が対応中であればこれでも十分かもしれず、この場合の最善策は遮蔽物のうしろに身をひそめたまま、警察が事態を収拾してくれるのを待つことだ。助けがすぐにこない場合は、判断は難しくなる。

遮蔽物から出る

　遮蔽物から出るさいのリスクと、そこにとどまる場合の結果とを、秤にかける必要がある。おそらく、襲撃したエリアを確保したら、人質犯は見逃している人がいないか探し回るため、遮蔽物に身を隠したままでいることは人質になるのと同じだ。逃げる途中で撃たれるよりもましかもしれないが、結果は犯人の動機しだいだ。銃乱射犯は手近なターゲットを撃ちつくしたら移動し、一定のエリアを確保することには興味がない。見える者すべてを殺害することしか頭にない。このため、撃ちつくしたと思うエリアを丹念に探しはせず、新しい獲物を求めて場所を移すだろう。

　銃乱射事件では、隠れたままでいれば助かる場合が多いが、犯人がそこにとどまり獲物を探そうとする可能性はつねにある。この場合の「隠れている」とは、「見えないところにいる」ということだ。戦闘中や緊張した状態にあると、数秒でも自分の視界からはずれた相手のことは失念する場合が多い。このため、障害物の背後に身をひそめているだけで切り抜けられることもある。

　攻撃者から逃げたり隠れたり、攻撃者を回避したりすることができなければ、残るは戦うか、犯人に従うかだ。人質犯への服従は危険だ。自分の運命

SASの兵士

特殊空挺部隊は、1980年のロンドン、イラン大使館の人質事件で突入作戦を成功させた。この件は注目を集め、大々的に報道された。それ以降、特殊部隊の人質事件「解決」での役割はよく知られるようになり、そのテクニックは絶えず刷新されている。

を犯人の手にゆだねることになる。だが銃乱射犯の前に出ていけば、自殺行為も同じだ。状況にかかわらず犯人が絶対に殺害しようとはしない相手もいないではないが、視界に入ったからという理由で撃つ可能性のほうが高い。

このため、犯人と戦うことは最後の手段となる。武器がなければ、うまくはいかない。なんらかの武器を手に入れることはできるかもしれないが、火器は無理だろう。つまり、銃をもつ相手に至近距離から組みつかなければならないということだ。攻撃できる位置まで近づくのは至難の業だ。

犯人が部屋に入ってくるときを狙って、待ち伏せするくらいがせいぜいだろう。何人かで物を投げつけるといった気をそらす作戦もうまくいくかもしれない。投げるのは負傷させるような物である必要はない。犯人が混乱しさえすればよいのだ。

命にかかわる戦い

銃乱射犯や、覚悟を決めた人質犯にタックルしなければならないとなると、これは命がけだ。相手を倒すか、自分が死ぬかだ。手当たりしだいに殺害を行う相手を倒すためなら、どんな手段であろうと（道徳的にも法的にも）問題はない。全力で攻撃し、相手がそれ以上の行動をとれなくなるまで攻撃を止めてはならない。中途半端な策では、自分が命を落とすだけでなく、うまくいっていれば守れたかもしれない人の死までも招くだろう。

警察や軍の兵士が銃乱射犯に対応したり、人質事件の現場に突入したりする場合にはこの点を理解しているし、こうした現場以外ではありえないようなリスクを冒さなければならないときもある。自分たちも含め、何十人もの命が危険にさらされている状況では、気をそらす余裕などない。彼らは、事態を収拾し、できるだけ多くの命を救うためにそこにいる。個人の問題など後回しにすべき状況だといえる。

隠して携帯する

最初から相手が武器を手にしていることもあるが、多いのは、使う前にまず取り出さなければならない場合だ。あまり見られることではないが、ナイフやピストルを取り出しながらターゲットに接近すると、逆効果になることもある。いかにも攻撃しそうな相手が武器を手に近づいてきたら、ターゲットはその先に備えた策をとるだろう。自分も武器を抜くか、逃げることが考えられる。

攻撃者が近づいてきたらさっさと逃げる相手には、ナイフは役に立たないし、ピストルであってもたいしてうまくはいかない。適度な距離でも、動いているターゲットをピストルで撃つのは難しいので、逃げるのもよい手だ。ピストルを使う者は、たいていはこの事実を知っている。だから、効果的に使える位置に接近するまでは、武器を隠しておくのである。

武器をもち出すようなレベルまでケンカがエスカレートしたら、もちろん、武器を取り出さなければならない。この状況では、前に述べたように、武器に対処するには相手が取り出そうとしているときが一番だが、できれば、その直前だ。

ピストルやナイフを突きつけられる：背後から抜く場合

ベルトのうしろのホルスターやさやに武器を収め、背後に携帯している人は多い。こうすると隠すのにはよいが、使うときには背中に手を回さなければならない。服が邪魔になって引っ張り出すのが遅れることもあるが、それは別として、こうした相手にはふた通りの手がある。武器を取り出す前に攻撃するか、取り出せないようにするのだ。

ケンカがエスカレートしたとき、攻撃側の手が背後に消えたとする。それは、そこから武器が出てくるという明らかなサインだ。防御側は瞬時に行動し、前に踏み出して掌で激しい一打を相手の顔に放つ。これで相手をノックアウトできることもある。だがそうはいかないこともあるので、防御側は万全の体勢でいなければならない。相手がうしろによろめいたとしても、銃を引っ張り出せば、それをもっと効果的に使うスペースを与えてしまったことになるからだ。

防御側は、最初の１発に続けて頭部を狙って殴打し、相手をノックアウトするか、少なくとも混乱させる。相手が手で頭をかばっているあいだは、武器を使えない。武器を取り出すことに執着していれば、頭部は攻撃に無防備だ。防御側は相手から離れずに、相手が武器を取り出したらつかんだり奪っ

ボディガードのヒント――武器を隠す

武器をもっていることを明かさないほうがよい場合がある。ステータス・シンボルとしてこれみよがしにもつボディガードもときもいるが、プロのボディガードは周囲の人に紛れ、武器を隠すことが多い。武器を所持しているために脅威とみなされると、悪い輩に真っ先にターゲットにされかねない。

背後から取り出す武器をブロックする

敵がベルトのうしろに手を伸ばして武器を取り出そうとしたら、一方の腕を、下方から相手が武器を握ろうとする手を押さえつけるように回し、もう一方の腕を相手の肩の上にやる。

たりすることができるようにしておくが、一番大事な点は、相手の意識を失わせるか、動けないようにすることだ。

ここで注意を向けるべきは攻撃者であり、武器ではない。相手が気を失っていれば、意識があるときよりも武器を奪うのはずっと簡単だ。攻撃にこだわる相手は、武器を奪ったところで危険なことに変わりはないが、攻撃しようとする意識が途切れれば、ナイフやそれから両手を組んで、相手が武器を動かせないようにする。通常は、このあと、相手を武器の上に押し倒し、武器を使えないようにする。

銃は無害なものになる。

武器は、取り出さなければ役には立たない。防御側は、相手の腕がその背後にあるうちに、相手に向かって突っ込むとよい。自分の腕を下方から相手の武器をもつ腕（左右どちらでも、武器に届いたほうの手）を押さえ込むようにして相手の背中に手を回す。そして自分のもう一方の手を相手の肩の上から背に回す。

それから両手を組んで相手の武器をもつ手をその背に押さえつけ、きつくロックをかける。頭も両腕のなかにあるので、相手はすり抜けられない。そしてそのままの体勢で倒れこむように押し倒し、相手の腕と武器が体の下敷きになって動かせないようにする。これで、自分の腕を離せば、相手が動けなくなるまで頭部に殴打を繰り返すことができる。

ピストルやナイフを突きつけられる：体の前や、肩や腰から抜く場合

銃をベルトの前にさして携帯する者もいるが、それはまれだ。ヒップホルスターやショルダーホルスターのほうが一般的で、銃を取り出すときに、その手が体の前にあるという利点がある。ナイフは、ベルトの横に収めたり、フード付きパーカーの前ポケットに入れたりして携帯し、この場合は手を大きく動かさずに武器にもっていくことができる。

体の前や横に武器を携帯していれば、背にもつときよりも抜くのが早いが、手首と前腕をつかまれやすい。防御側には、相手が背後から武器を取り出すときと同様、頭部に殴打を繰り返すという策があるが、最初の1発で倒せなければ、相手は武器を抜いて使うだろう。それよりも、武器を抜けないようにするほうがよい。

武器を抜くのをブロックする

体の前やショルダーホルスターから武器を抜く場合には、手を体の前で横切らせなければならない。防御側が突っ込んできて武器をもつ手を体に押しつければ、一時的にブロックされる。武器をもつ側が後退するか体をねじれば、武器をもつ手を自由にできる可能性もあるが、防御側は、ブロックしているあいだは殴打を繰り返せる。手を押さえ込まれたまま倒されてしまうと、ホルスターから銃を抜くことさえできずにノックアウトされることもある。

相手が武器をホルスターやさや、ポケット、あるいはヒップホルスターから抜いてしまったのであれば、武器をもつ腕を動かせないようにしなければならない。思わず相手の手首をつかもうとするものだが、手首をつかんでおくのは難しく、接近戦でそれをやるのはさらに厳しい。ひじの内側を狙ったほうがよい。

この場合、防御側は相手に向かって突っ込み、片手、あるいは両手で（両手のほうがよいが、いつもそうできるとはかぎらない）武器をもつ腕のひじのあたりをつかんでうしろに押す。その腕を相手の体のうしろにやれば、相手は武器を使えない。この位置までもっていければ、片手は離して相手を殴打するか、武器を奪う策に取りかかれる。

体の前から武器を抜くのをブロックする

相手の手を体に押しつければ武器を抜けないので、のどや目を殴打する時間が稼げる。必要に応じ、それに続けて攻撃を行う。

この体勢から、ふたりの外側にあるほうの腕を相手の武器をもつ腕と体のあいだに入れ、高く上げるとよい。それから体を180度回し、相手と同じ方を向くようにする。そしてもう一方の手で武器をひねって手放させる。こうすれば、片手を背の上にあげて相手をつかまえたまま、相手のピストルで殴り気を失わせることも可能だ。

ピストルやナイフを突きつけられる：前での遮断

相手が突っ込んできて刺そうとしたり、至近距離に近づいてから武器を抜こうとしたりする場合には、その武器を奪う策がある。多くの軍や警察の徒手格闘システムで教える技であり、呼び名はさまざまだが、簡単にいえば「軍隊式武装解除」だ。

相手が右利きなら、防御側は、左に踏み出して武器を右手で自分の右にかわし、攻撃のラインからはずれる。自分の右手は相手の手と手首のそばにあるので、どこでもよいのでつかむ。袖しかつかめなくとも、なにもつかまないよりましだ。だがしっかりとつかめば、「ストップ・グリップ」で振りほどかれないようにすることもできる。つまり、武器をもつ腕をつかんだら、そこから自分の手を下ろしながらつかみをきつくしていけば、手にきたところで止まる。

そして自分の体を外に180度回し、体の動きを利用して武器をもつ腕を引っ張り、腕の裏側にひじ打ちを見舞って折る。これがうまくいかなくとも、

軍隊式武装解除

軍隊には、この武装解除の動きから派生したものがいくつかある。防御側は相手が武器をもつ腕をつかみ、体を回して移動し、敵のとなりに立って同じ方向を向くようにする。そこから腕を後方上向きにひねり、自分の体を支点にして相手のひじを折るか、肩関節を損傷させる。こうすれば相手は倒れ、抵抗するのが難しくなる。

武器をもつ腕を上後方に思いきり引っ張り、ひじで相手の肩と腕の裏側を押し倒すようにする。そして手を武器のほうにすべらせてひねって奪い、相手を顔から地面にたたきつける。武器を手と手首と反対のほうにひねり、さらに腕と肩に力をかけ、相手から武器を奪うのである。

この技は武器を奪うためのものだが、これで相手の腕がうまいこと折れたとしたら、軍では十分な結果を出せたと評価されるだろう。武器を使わせないことが目的であるため、必ずしも、教科書通りにきっちりと武装解除テクニックを使う必要はない。この技をもう少し力を加減してかければ、容疑者の抑制に用いることもできる。

ピストルやナイフを突きつけられる：片手で武器をもつ場合

片手でピストルやナイフをつかんでいる場合、有効策がふたつある。ひと

ナイフを奪う

ときどき「ナイフの奪い方を教えていますか」と尋ねられることがある。私の答えは「いいえ」だ。しかし、ナイフをもつ相手への対処法は教える。それで奪えるかどうかはわからない。だがナイフを手放させることにこだわらず、ナイフを手にした相手が攻撃してくるという状況をどうにかする点が重要なのである。ナイフを相手から奪ったとしても、相手がナイフを奪いかえして自分を突き刺す、あるいは相手から殴られて意識を失うとしたら、勝ったことにはならないからだ。

ナイフを突きつけられたら、ナイフを奪うこともあるだろう。しかし、武器を奪うことだけが最善策ではない場合もある。対応策をいくつか頭に入れておくことが必要だ。

つは、武器を脇に押して、相手を殴打するという簡単なものだ。すぐには相手を無力化できなければ、攻撃を続けなければならないのはもちろんだ。そこで抑え込めないと、相手がまた武器を使えるようになることもある。このため、これはある程度危険な戦略ではあるが、武器を使えないようにするには、まずこの策をやってみればうまくいくことが多い。

相手のあごに掌を打ち込めばノックアウトも可能であるし、のどに一撃を見舞えば、相手は動けなくなったり、命を落としたりすることもある。これには、親指と人差し指のあいだを使って、のどをできるだけ強打するのが一番だ。指に力を込めてのどにジャブを打ち込むのも効果的で、指をやや広げて目に突っ込むのもよい。目を攻撃すると相手はよろめくだろうが、通常は、それで決着がつくわけではなく、激しい攻撃を続ける必要がある。

この場合、相手を無力化するまでは、武器を自分を攻撃できない位置におくだけで、奪ったり抑え込んだりしようとはしない。もちろん、武器をもっている者がのどを絞められ意識を失っていれば、どう見ても武器をコントロールした状態ではあるが、それでも、このままでは危険だ。

防御側が相手のピストルを奪おうとすることも可能ではある。手が相手の

片手で武器をもつ場合　その1

相手が片手でピストルをもっている場合は、銃身をつかんで上方外側にひねり、自分の頭を狙えない位置までもっていく。そして不意をつき、空いているほうの手で頭部やのどを殴打する。

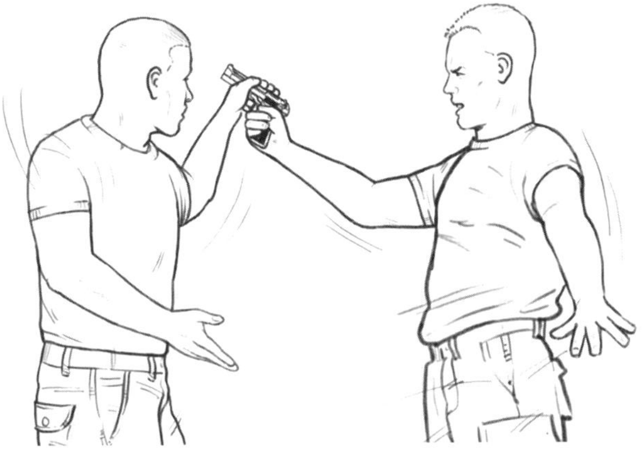

片手で武器をもつ場合　その2

ピストルに一番近い手がピストルの外側か、かなり高い位置にあれば、ピストルを内向きにひねる。この場合、つぎには、ピストルグリップを自分のほうに引っ張るとよい。相手が抵抗できなければピストルを奪える。抵抗すれば、引っ張るのと同時に顔やのどに打撃を見舞う。

ピストルより下にあるなら、前に出て右によけて攻撃のラインからはずれ、同時に、左手の親指と人差し指のあいだでピストルを勢いよく上方左に押し上げる。それからピストルの先端近くを握って銃身を強くひねってから、自分の腰のほうに引っ張り下ろす。そしてマズルが自分のほうではなく、相手の肩の上を向くようにピストルをひねり、手からもぎとる。

ピストルを外に向けてひねるのもよいが、これではあまり力が入らず、相手が手放さない可能性がある。このとき顔やのどを空いたほうの手で殴ると、簡単に武器を奪える。

防御側の手がピストルよりも高い位置にあれば、左に動き、手を勢いよく振り下ろして（親指を自分にむけて）ピストルの先端をつかむ。そのままひねるか押して、手から武器を奪う。ピストルが前に押し出されると発砲するので、ピストルを自分の後方に向けることが重要だ。状況しだいだが、利き手で相手のピストルグリップをもつことができれば、すぐにも自分がピストルを使える。

前方からピストルを突きつけられる：両手でもつ場合

両手撃ちの構えはピストルをしっかりともっているため、両手を離させる必要がある。射撃のラインからややはずれ、左手の親指と人差し指のあいだでピストルを上後方に押し、先端をつかんで上向きにひねり、マズルが相手の顔に向くようにするのもひとつの手だ。同時に、防御側は右に動き、前腕で相手のピストルをもつ両腕、あるいは片腕の内側を殴打する。これでひじが折れるはずだ。

こうすれば、ピストルをもつ側がそれを自分自身の顔に向けていることになり、トリガーを引くことなどとてもできない。ピストルを引っ張って下に押さえれば、奪うことも可能だ。この時点で発砲する危険もあるが、ピストルをもつ側が自分の顔を撃ちかねない。そうなれば、奪うのはずっと簡単になる。

ほかには、右腕を上から相手の両前腕のあいだに入れ、右腕をバール代わりに相手の両手をこじ開けるようにし、ピストルを手放させる。そして左手でピストルの銃身をつかみ、グリップを利き手でもつ。

背後から武器を突きつけられる

銃やナイフを背後から突きつけられたときは、武器の位置を把握する必要がある。どこにあるかたいていはわかるだろうが、要求に応じるふりをしながら、素早く「そっと」目を走らせてその位置を確かめる。そして降参するかのように両手を挙げる。これはかな

両手でもつピストルを奪う

相手が両手でピストルを構えている場合は、奪うのが難しい。防御側は横に動いて、利き手でピストルを自分から離れるように押し上げ、利き手ではない側に体を回すようにして相手と同じ方向を向く（B）。もう一方の手を相手の両腕のあいだに押し込んで（C）もとの位置までもどる。ピストルはつねに自分ではないほうに向けておく。

A

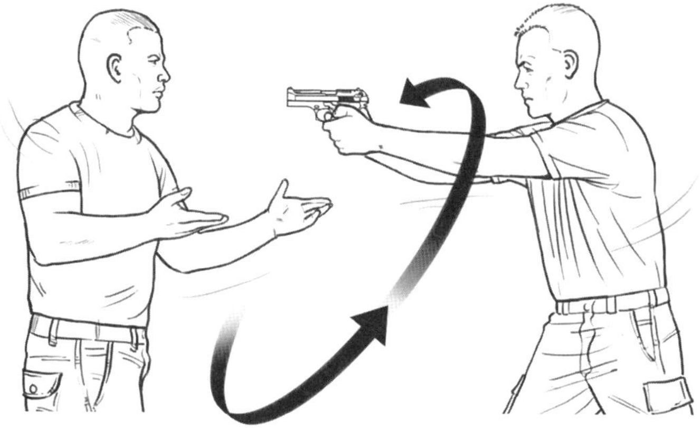

B

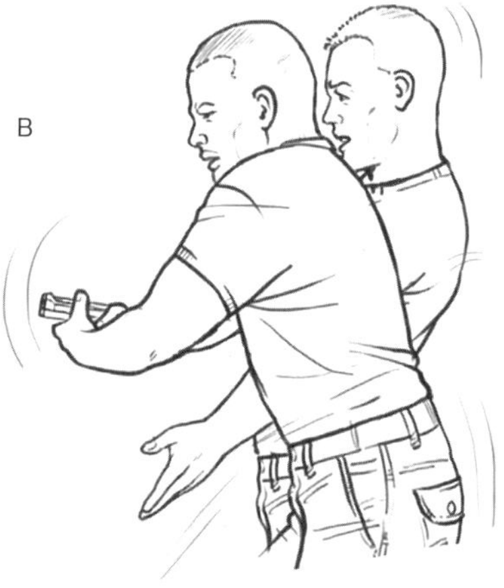

　そして腕をひねって相手の手からピストルを奪い取る。その時点で防御側の手にピストルがあるので、相手を狙うことが可能だ（D)。

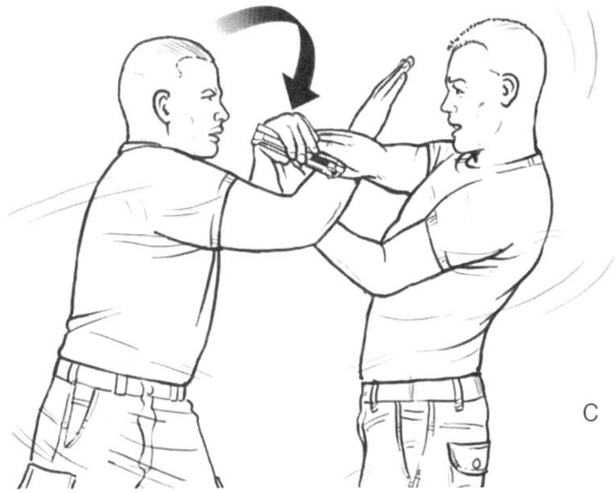

C

D

ピストルを奪う

両手でピストルをもつ相手に対しては、ほかにも、まず、ピストルに近いほうの手でピストルを上後方に押しやる策もある。それから近づいて前腕を相手のひじの内側に上から打ち込む。これで腕が折れ曲がり、ピストルが相手の顔を向くことになる。

背後から低い位置にピストルを突きつけられた場合

振り向きざまにピストルをはらうが、自分の腕の位置によっては、すぐには相手の武器をもつ腕をコントロールできない（B）。そこで、ひじを相手に打ち込み（C）、もう一方の手でピストルを引っ張り自分のほうを向かないようにしつつ、相手がピストルをもつ腕の自由を奪う。

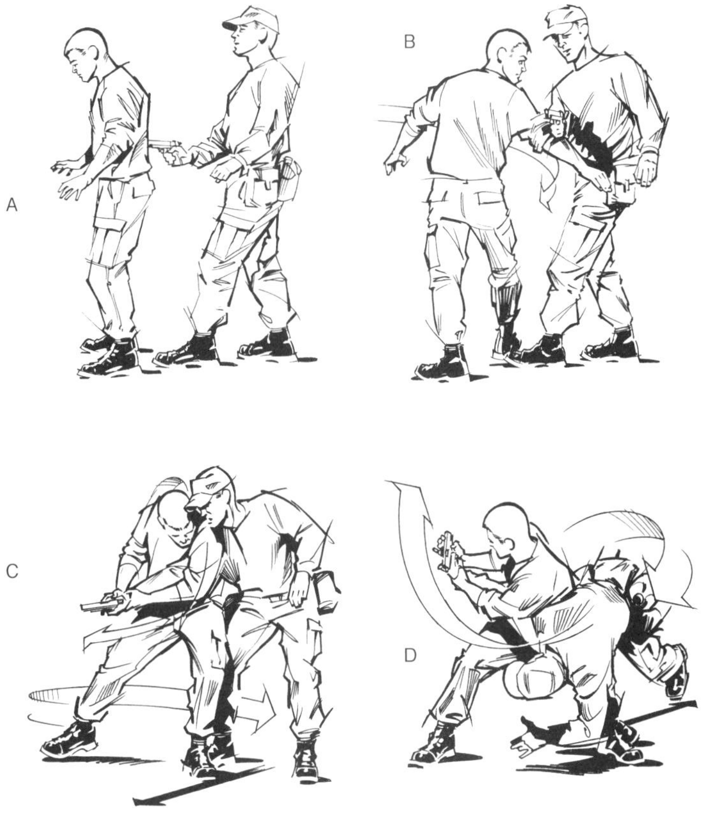

背後から高い位置にピストルを突きつけられた場合

　不意に振り向き、ピストルを脇にはらって、腕で相手のピストルをもつ腕を抱え込んで動かせないようにする。マズルは自分ではないほうを向いているので、即危険な状況ではない（B）。

A

B

それから顔にひじ打ちを見舞い、相手の頭をうしろに押しやってバランスをくずす。そして足をはらう（C）。ピストルは動かせないようにしたまま、相手の体に膝落としを決め、頭を殴打する（D）。

C

D

り自然な反応なので、相手が疑うことはないだろう。

そして振り向きざまに武器を脇にはらうとよい。腕をはらう高さは、もちろん相手が武器をもつ高さしだいだ。振り向いて武器の「内側」にいれば、腕で相手の武器をもつ腕を抱え込んで動かせないようにして、頭とのどを強打できる。武器の「外側」に振り向いたときは、先に述べた軍隊式武装解除のテクニックと同じ攻撃が使える。

長銃《ロングアーム》を突きつけられる

ライフルやショットガンのような大型の銃は、ピストルの武装解除と同じやり方で対処できる。しかし、銃が長いため、相手がトリガーにかけた手をコントロールするのは難しい。この場合、腕で銃身を抱え込むのもひとつの手だ。銃を動かせなくなり、相手の両腕も自由が利かなくなるので、殴打を繰り返しても防げない。大型の銃も、ピストルを突きつけられたときのように脇に押しやる点が重要であり、自分のほうを向いていなければ、危険は小さくなる。

銃剣に対する防御

銃剣を装着するとリーチが長くなり、殺傷力も増すことが多いが、多くの場合、銃剣に対する防御は大型の銃を前方から突きつけられた場合の対処と同じだ。防御側は横に動いて武器を押しやって攻撃をかわし、銃剣の切っ先よりも前に出て相手に近づく。こうすればライフルで撃たれることもない。ライフルをコントロールし相手が使えないようにしているかぎりは、防御側にとってはたいして危険ではない。

この態勢から、武器をもつ腕を攻撃し、折ることも可能だ。腕が折れなくとも、ライフルを取り落すかもしれないし、前かがみになれば蹴りを入れやすくなる。ライフルをひねりながら引き寄せて手放させたり、相手の背後に回り、リアチョークで首を絞めたりするのもよい。

これ以外にも、至近距離から側頭部にひじ打ちを繰り返せば、間違いなく相手は銃を手放すし、意識を失えば、銃をもつどころではない。

戦って銃やナイフを奪う

計画どおりにうまくいく防御などめったにない。戦って武器を奪わなければならないことも多い。基本的なルールは「両手でハンドルを握る」だ。つまり、相手の武器や武器をもつ手を両手でコントロールする。相手が武器をもっていないほうの手でパンチを繰り出してきたとしても、危険が大きいの

銃剣による突きを防御する

突きの攻撃は、武器がなんであれ、まっすぐターゲットに向かってくる。イラストのように、横に動いて武器をかわし、反撃の機会を作る（A）。敵の腕をとって折り（B）、さらに腕に力をかけて、相手の頭を下に押しやる（C）。そこで顔にキックを見舞えば、相手は戦えなくなる（D）。

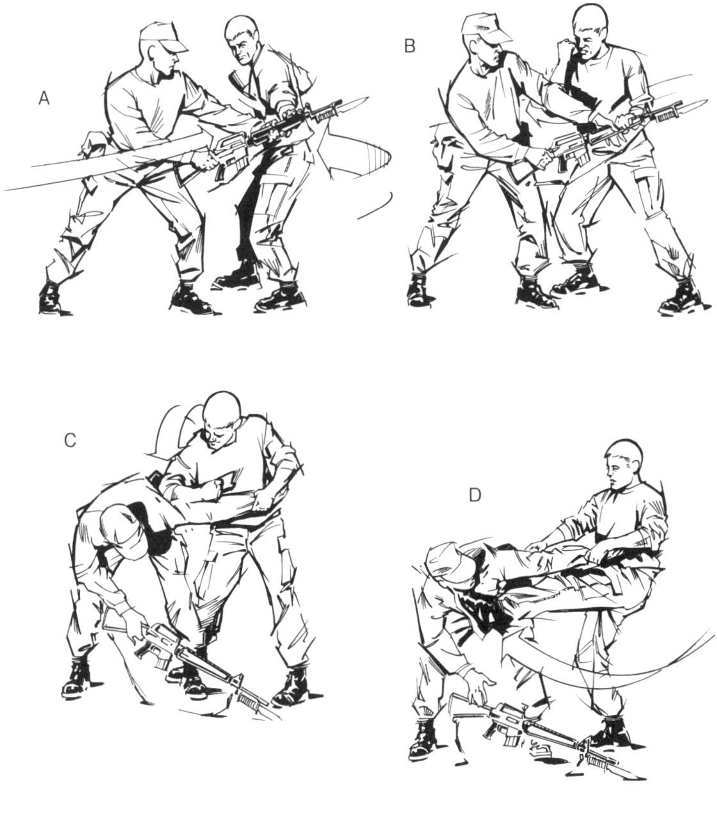

大型の銃を使わせない

銃剣による突きや銃のマズルをかわして相手に近づき、腕を武器に回して動かせないようにする。それから股間や頭部やのどに激しい打撃を見舞う。

その武器を確保せよ

　ピストルを抜いて発砲するのにそれほど力はいらず、重傷を負った者でも相手を殺害することは可能だ。軍や法執行機関では必ず、相手の手から離れた武器は確保し、少なくとも、敵を無力化しても、その手の届かないところへ武器をやるよう兵士に教える。相手が倒れ瀕死の状態であっても、訓練を受けた者なら、相手の手のすぐそばに武器をおいたままにはしない。その武器を蹴飛ばすのにかかるのはほんの一瞬であり、その時間を惜しんではならない。

は武器のほうであって、阻止すべきは相手が武器を使うことだ。武器を片手でもコントロールできる態勢になったら、もう一方の手は放して戦うことも可能だ。

　武器を奪うために戦うときは、ふたつ選択肢がある。相手を無力化するか、武器を手放させるかだ。武器を手放させた場合は、さらに相手がそれを使えないようにする策を続けることが多い。とくに軍隊ではそうだ。だが、武器を奪ったら、倒すほうが簡単だ。無力化するためには、通常は、相手が戦えなくなるまで股間や頭部、のどに打撃を見舞うことになる。

　相手の武器を奪うときは、たいていは、無力化したあとに力の入らない指から抜き取ったり、手からひねり取ったりするが、このとき、刃物類は動かせないようにしておき、火器は自分ではないほうに向けておくことがポイントだ。武器をもち、相手の手や手首をそれ以上は無理だというところまでねじれば、手から離れるだろう。ナイフの場合も、刃先を沿わせて動かさなければ切れないので、刃の側面を押すのであればまったく問題はない。

　武器が相手の手から離れたからといって、即座に相手が無害になるわけではない。依然として戦えるし、武器を取り戻すこともできる。このため、武器に執着しないことが重要だ。武器自体はたんなる道具でしかない。危険なのは人であって、その手に武器があれば危険も増すのである。

重い鈍器に対処する

　相手が重い鈍器を取り出したときに、それを奪おうとするのはおすすめできない。鈍器で多いのが頭上から振り下ろしてくる攻撃だが、このとき武器を奪おうとしても、どちらか一方に、あるいは双方に武器が落ちてくることになる。こうした運まかせの策は、一番避けるべきことだ。同じく、キックなどで攻撃しても、鈍器は自分のほうに落ちてくるだろう。攻撃には重すぎるような鈍器をもち出したら相手が疲れるのを待ち、攻撃してきたときにはそれをかわすほうがずっとよい。左右どちらかに動けば自分にはあたらず、相

頭上からのスイングを防御する

直接武器をブロックするのではなく、武器が描く軌道からはずれるよう動く（A）。

手が武器にひきずられているあいだに、自分から近づいて攻撃できる。武器を使ってもよいし、素手の打撃でも十分だろう。

B

打撃をやりすごすと同時に相手の腕を下に押しやり、打撃に失敗した相手が体勢を立て直そうとするのを妨害する（B)。相手がバランスをくずしているうちに、脚裏側の低い位置に回し蹴りを見舞う(C)。

C

第11章

鈍器は、あまりスキルがなくとも、防御にも攻撃にも活用できる。

鈍器を使用する

専用の武器が使えない場合でも、鈍器ならすぐに武器に利用できる。ブロックに必要なだけの重量や固さも備えるため、反射的に使える。この点は、至近戦での緊迫した状況では重要だ。鈍器はそれほど攻撃の正確さも必要ではないし、先端があたっただけでもある程度の結果は出るからだ。

前方から攻撃される場合

相手が武器に手を伸ばそうとしているか、手にしてはいるが、まだ防がなければならないような攻撃に出ていない場合は、防御側から打撃を行って主導権を握る。攻撃が最大の防御となる場合もある。敵を防御する側におくか、攻撃をはじめる前に排除するのだ。鈍器を見れば、相手はこちらが振り回してくると思っていることが多いので、銃剣タイプの攻撃で相手の体を突けば、不意をついて有利な立場につける。これで決着がつくわけではないが、相手は動揺し、痛みも走る。また上体を前に傾げることが多く、打撃を見舞うのも簡単になる。防御側が両手で武器をもち、下からあごにジャブを入れる手もある。これは第二次世界大戦中にコマンドーが必殺の一打として学んだものなので、これも含め、のどへの攻撃

警棒類を携帯する人はあまりいないが、棒を使った戦いのスキルは、棒と同じ形状の多くのものにも使える。

武器を押し出す攻撃とその後の対応

両手で武器を押し出して打撃を見舞ったら、片手を離して素早く頭部に一打を繰り出す。手首のスナップをきかせた攻撃だ。

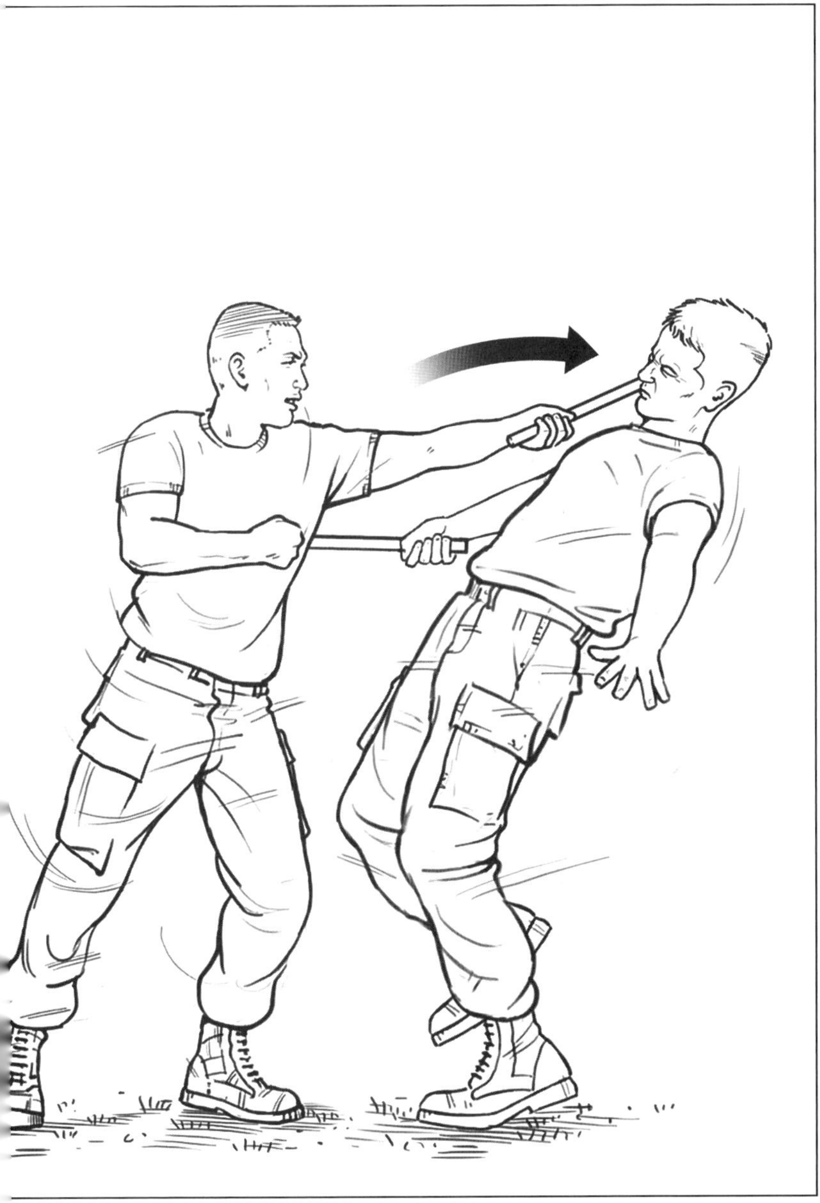

棒で顔にジャブを見舞う

攻撃側がバックハンドの打撃の構えに入ったら、前に突っ込み相手の顔にジャブを見舞う。これで攻撃の意思をくじくと同時に、攻撃をブロックする働きもある。

は、必要な場合だけにとどめたほうがよい。

突きのほかにも、武器を横にして両手でもち、相手の顔に押し出してぶつける手もある。攻撃側はたいていこれで不意をつかれる。もっとありきたりの攻撃を予想していたために、前に出ようとする動きは止まってしまう。この攻撃をしたらすぐ、武器の一端を手放し、片手でむちのように振って相手の側頭部に一撃を見舞う。

両手で武器を押し出す動きは、頭上から鈍器を振り下ろしてくる場合のブロックにも利用できる。相手の武器がブロックに跳ね返されたときに、こちらから打撃を放つ。武器を前方に押し出すのではなく、力を上に向けて相手の攻撃を妨害し、高く上げて自分の頭を守る点が、攻撃する場合とは大きく異なる。

フォアハンドの攻撃

敵がすでに攻撃に出ているなら、反撃よりもまず、攻撃に対処しなければならない。ブロックせずに攻撃をかわして打撃を見舞うことも可能ではあるだろうが、敵の攻撃をいったん止めるためにブロックしなければならないことが多い。

相手がフォアハンドの打撃を見舞ってきたら、防御側はルーフブロックを行いながら相手に近づく。これは、棒などの武器をななめ上からもう一方の腕にあてて支え、腕と体を自分の武器で守り、相手からの攻撃に備えるものだ。敵の攻撃をかわしながら、相手の武器をもつ腕をつかんで引っ張ってバランスをくずし、フォアハンドの一打を見舞う。相手がごく接近していれば、棒の下端を使って拳槌タイプの打撃を繰り出せば効果が大きい。

バックハンドの攻撃

バックハンドの攻撃を見舞われたら、棒をもち上げてブロックし、相手に近づき、棒をそのまま振り上げて相手の頭部や肩に拳槌タイプの打撃を見舞う。新たな攻撃に備え、腕は敵の武器と自分のあいだにおいておく。そうすれば、スペースがないために、相手が攻撃してきてもたいして威力はない。相手が急にうしろに下がったら、先ほどと同じく上から下に向けてだが、今度はフォアハンドの打撃を見舞える。

ナイフの切りつけ

敵が切りつけてきたら、ナイフの軌道からはずれるよう横に動き、敵のほうを向く。そして武器を相手の前腕に激しくたたきつける。これで腕が折れるかしびれて、ナイフを取り落すだろうし、ナイフをもつ腕に力が入らなくなるのは間違いない。ナイフ自体をターゲットにすると、かなりの精度が必

高い位置でのブロック《ハイブロック》と反撃

　フォアハンドの打撃に対する防御では、棒を下に向け、肩で支えてブロックする（ルーフブロック）。同時に利き手ではないほうの手を伸ばして相手の腕にからませ、動かせないようにする。それから自分の棒の先端を振り下ろして打撃を見舞う。

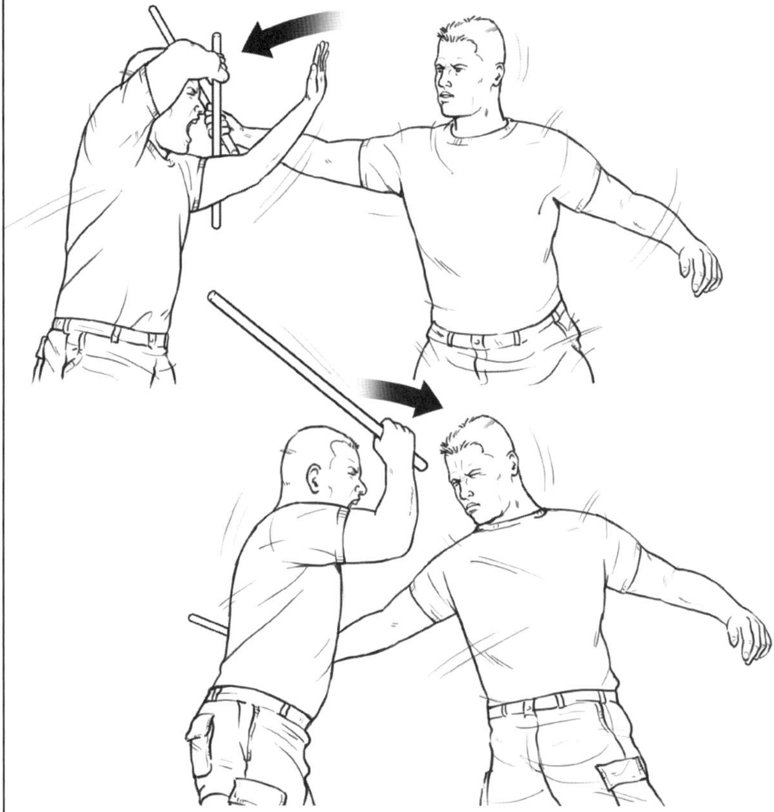

上向きにもった棒でブロックし反撃する

フォアハンドやバックハンドの打撃に対しては、棒を上向きにもちブロックする。

相手がバックハンドの打撃を仕かけてくる場合は、防御側は相手に近寄るのに有利な位置にいるので、攻撃側の腕を空いたほうの手で止め、自身がバックハンド攻撃をする。

かわしと反撃

相手がナイフで突いてこようとしたら、横に動いて空いたほうの手で攻撃をかわしながら、相手の脚を攻撃する。切りつけられたときも対応はほぼ同じだが、空いたほうの手でナイフの動きを止め、棒で相手のナイフをもつ腕を殴打して攻撃できないようにする。

要であることが多いため、腕を狙ったほうがよい。

腕を攻撃したらそのまま武器を振り下ろし、武器を返してすぐにバックハンドの一打を相手の脚や膝に見舞う。防御側はこのとき敵の側面にいるので、打撃を続けて敵を無力化するのに有利だ。

ナイフで刺す

前方からナイフで刺してくるときは、武器を半円を描くように動かして腕を

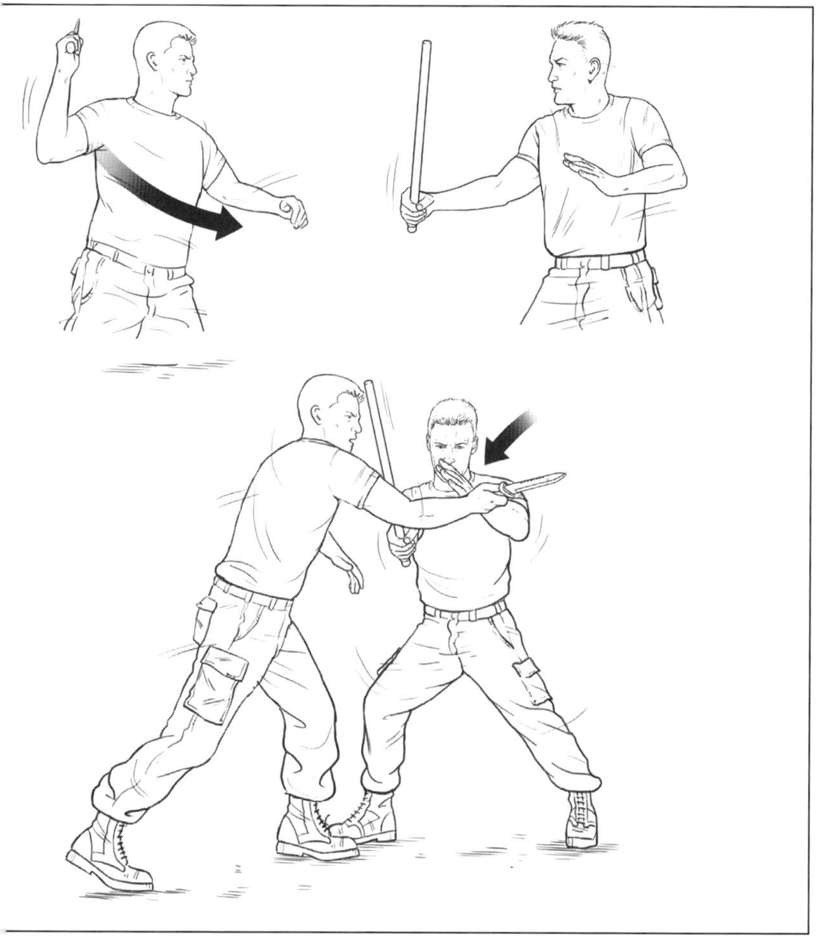

はらう。これはかわしでもあり、ナイフをもつ腕への打撃でもある。すでに述べたように、ナイフ自体をたたこうとはせず、ナイフをもつ腕を無力化したほうがよい。このあとフォアハンドの打撃を頭部に見舞う。自分の武器がナイフよりリーチが大きければ、その点を利用できるよう、攻撃した方向とは逆に体を引いて、少し後退する。ナイフで刺せる位置まで相手が近づこうとするたびに、それを阻み、殴打することができれば、刺される危険は最小

限に抑えて決着をつけることができる。

クボタンタイプの武器で相手の手を振りほどく

自分をつかんだ手を振りほどかなければならないときに、短い棒や金属のペンのようなものしかないこともある。アイスピック・グリップにするか、真ん中あたりを握って武器を手から突き出すようにし、相手の鎖骨や首、こめかみや側頭部などに激しい一撃をくらわす。これで大半はたじろぎ、思わず手を離すだろう。この拳槌タイプのフォアハンド攻撃に続きバックハンドで顔を殴打し、これと同時に、空いたほうの手で相手の手をひきはがす。フォアハンド、バックハンド、フォアハンドと攻撃を続けるか、相手の額や顔に武器を握った拳を繰り返し振り下ろすのもよい。

クボタンにはもっと巧妙な使い方も多数あり、ここで紹介した攻撃は急場しのぎの方法ではあるが、手っ取り早く相手の手から逃れることはできる。このほか、自分をつかむ腕を狙う場合もある。手を狙うのもよいが、自分にあたってしまう危険がある。打撃を見舞うスペースがない場合は、ハンマー・グリップでクボタンを敵の首やのどに打ち込むか、あごに下から突き上げる。親指でも同じような攻撃は可能だが、固い物でやるほうがずっと効果は高い。

複数の攻撃者

複数の敵を相手にする場合、防御側はだれに対してどこを攻撃するか選ぶ余裕はない。また、囲まれたり、つかまれたり、押さえつけられたりしてはならない。動き続け、できれば攻撃側が邪魔しあうように移動し、相手を選ばずとにかく攻撃しなければならない。

もちろん防御側はチャンスがあれば攻撃すべきだが、それだけにこだわりすぎないようにもしなければならない。ひとりに集中攻撃して戦いから排除しても、背後から別の相手に頭を殴られればなんにもならない。このため、たとえひとりを倒す機会を逃すことになったとしても、打って走る《ヒット・アンド・ラン》の原則を守ったほうがよい。戦い続け、好機が生じたら思い切って攻撃できることが大事だ。

ひとりに攻撃するふりをして2、3歩後退させ、その隙に別の相手を攻撃するという手もある。脚を攻撃して動きを鈍らせたら、その動けなくなった敵が取り残されるように動くとよい。敵のひとりを戦いから排除するチャンスが生じたら、思い切ってやってみる。どんな手でもいいので殴打して敵をひとりでも減らせれば、その分勝利に近づくのである。

武器をもつ腕をコントロールする

相手が攻撃を放ったあと、武器をもつ腕をすぐに自分のほうに戻さない場合は、防御側はその腕をつかんでコントロールすることができる。そうすれば、相手は反撃を防御できない。

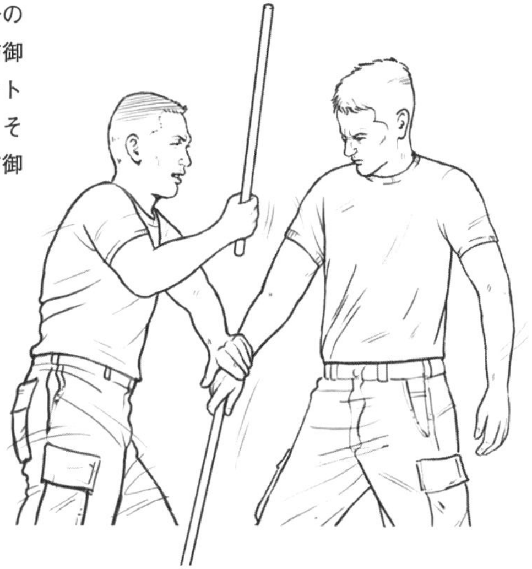

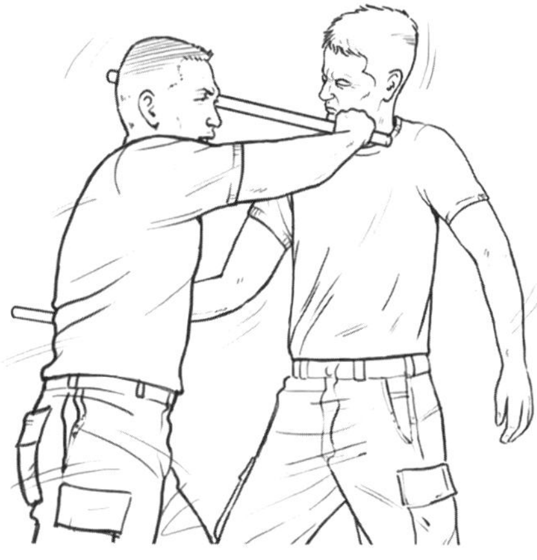

第12章

鋭利で尖った武器で攻撃されると、一部触れただけでも重傷になる危険がある。

鋭器や刺器を使用する

鋭利で尖った武器は、戦うためのツールというよりも殺害用のツールとみなされる。こうした武器は、一部しか相手に接触しなくとも深刻な傷になる場合も多く、通常は医療を施すことが必要だ。このため、攻撃する相手が少なくとも合理的な精神状態にあれば、戦いをやめて助けを求めたくなる程度の傷を負わせるのは比較的簡単だ。しかし、負傷させようとしただけなのに、相手を殺害してしまう事態に陥ることもよくある。刃物や刺器の多くは、打撃をブロックするのには向いていない。多くは重量不足だからだ。剣やなたなどの例外はあるが、防御や攻撃をかわすときは、武器をもたないほうの手で行うことが多い。

互いに鋭器や刺器をもって戦う場合、ダメージを与えるためにはスキルが必要だ。

ナイフによる攻撃

必要に応じて、防御側は胸や首や頭部を腕でかばえばダメージを軽減することはできる。腕の外側に切りつけられると深手にはなるが、致命傷になるよりましであるし、首に切りつけられると命を失う危険がある。腕に重傷を負うくらいは、ナイフでの戦いに勝つためにはやむを得ない代償かもしれない。しかし、少なくとも戦いに勝つまでは、自分の身を守りきることが理想だ。

防御側は体を引いてナイフの切りつけをよけ、相手の腕をはたくか押す。同時に自身のナイフで、フォアハンドで切りつける。首に向ければ命を奪うこともあるし、武器をもつ腕に向けるのもよい。防御側が素早く動けるなら、切りつけたナイフを引いてまた押し出せば、少しの動きで相手の胸を突くこともできる。

防御側が逆手の握り《アイスピック・グリップ》にしていれば、腕で攻撃を防御するときにナイフでバックアップすることもできる。相手が切りつけてきて、その腕が防御側のナイフの刃と接触したら、その機を逃さず相手の腕に沿ってナイフを動かせば、腕は使えなくなるだろう。それから相

狩猟用ナイフと銃剣

ナイフの刃の長さでどれくらい深く突けるかがわかり、またある程度は、その切れ味もわかる。刺し傷は、深さがわずか5センチでも命にかかわる危険がある。

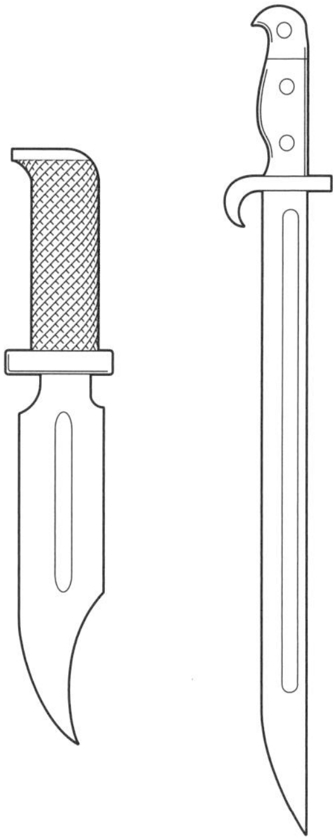

とっさのかわしと反撃

　反撃にはナイフが使われることがもっとも一般的だ。しかし、すぐに切りつけることばかりが一番効果的な反撃とはいえないときもある。頭を殴打すれば相手の顔が上を向き、このとき首に切りつければ致命傷になる。

アイスピック・グリップ

「アイスピック・グリップ」つまり「逆手」の握りは、素早く、強く突き刺したり、さっと切りつけたりするのに適している。この握りをうまく生かすにはある程度スキルが必要だ。

手の顔やのどに切りつけたり、ナイフを振り下ろして胸上部を突き刺したりすることもできる。

ナイフによる突き

防御側はナイフをもっていないほうの腕で突きを横にかわし、できればナイフが突き出される道筋からはずれる。それと同時に攻撃者に切りつける。目の上を切れば、だれも命を落とさずナイフでの戦いにけりがつくこともときにはある。ここが切れるとぱっくりと傷があき、(頭部負傷の大半と同じく)大量出血する。目に血が入れば攻撃者は見えなくなり、その傷を見て、攻撃者の仲間が戦意喪失する可能性もある。

だが身を守るときには、ナイフが届くものを手当たりしだいに切りつけることが一般的だ。それが相手の腕のときもあれば、顔やのどかもしれない。相手が死ぬこともあれば、そうでない場合もあるだろう。刃物で攻撃を受けているときに正確な反撃をするのは難しい。このためナイフで戦う場合は、相手が攻撃できないくらいダメージを与えるまで、切りつけを繰り返すことが多い。

棒による攻撃

棒類で攻撃されたら、防御側がもつのがナイフであればリーチの面で不利だが、その殺傷力を盾に攻撃を阻止できる可能性がある。それがうまくいかなければ、相手の武器のリーチの内側に入って、自分が有利になる位置まで近づくことが必要だ。

敵がフォアハンドのスイングをしてきたら、防御側はナイフをもっていないほうの腕で頭をかばい、武器が届くラインより内側に入り込む。このとき、攻撃者の棒ではなく腕が、頭をかばう腕にあたる位置まで近づく必要がある。ナイフを振り上げ両手で防御すれば、ナイフでブロックを強化することもできる。こうすれば攻撃者の武器をもつ腕に素早く切りつけ、それで相手は武器を使えなくなる可能性もある。

ブロックしようとする腕に棒があたったら、腕を相手の武器をもつ腕に回して、動かせないようにする。これで相手を引き寄せてナイフで突くか、ナイフで脅して武器を手放させることができる。こうするにはふた通りの方法

アイスピック・グリップ——長所と短所

アイスピック・グリップはナイフで防御する場合には役に立つが、攻撃するときには効果が限定的だ。武術の実演でよくやるように頭上から大振りする場合は、防御側がどういう動きにでるのであれ、それに対して攻撃側がまるで無防備になる。このため、逆手でもっているとしたら、一般にふたつのタイプが考えられる。訓練を積んでおり、防御に最大限生かすため、戦術的にこれを選んだ者。そして、自分がなにをしているか、まったくわかっていない者だ。

ナイフで戦う

防御側は自分の胴体と首を、腕の外側でかばい（A）、相手の切りつけが動脈に命中しないようにする。

相手の腕に切りつけて反撃し（B）、さらに、すぐに胴を突く（C）。この間はずっと、相手がナイフをもつ腕はコントロールしておく。

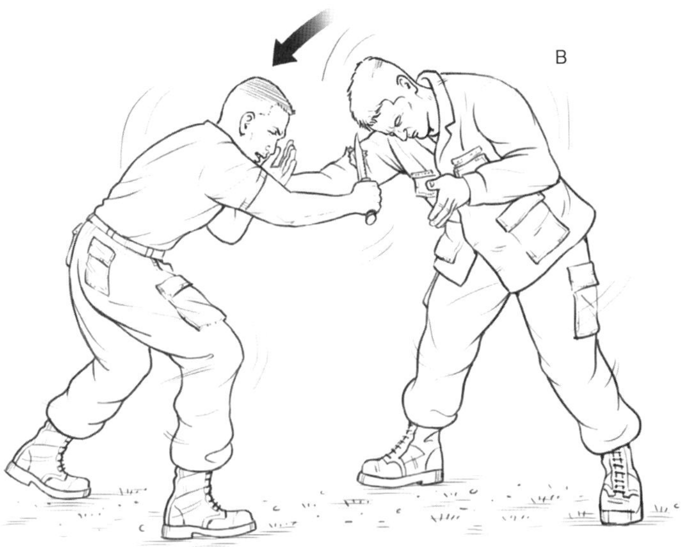
B

C

ナイフと鈍器（棒）

1．防御側は腕で頭をかばいながら近づき、棒ではなく攻撃側の腕が頭をかばう腕にあたるようにする。

2．相手が打撃に失敗し態勢を立て直す前に、すぐにナイフで体を突く。

がある。

まず、ナイフの切っ先を相手の胸かのどに押しつけ、武器を手放せと言う。ここで問題となるのは、相手に命じ、相手がそれに従うのに時間がかかる点だ。戦いの最中には、攻撃側にこちらの言うことが聞こえないか、相手が理解しないこともある。また、武器を手放すのを待っている隙を狙って、ナイフをどかそうとするか、ナイフを握る手をつかんでくる可能性もある。

もうひとつは、自分の腕を相手の武器をもつ腕にからめたままなので、うしろに下がり、からめたほうの手を前後に動かして相手の棒を奪い取るものだ。相手が前に出てくるとこれはうまくいかないため、防御側はナイフで脅して相手を押し戻す。相手が頭と体をのけぞらせてナイフから遠ざかろうとする一方で、防御側は武器を引っ張って相手から引きはがそうとするため、武器は手から離れて地面に落ちるだろうし、防御側がつかみとって使うことができれば理想的だ。

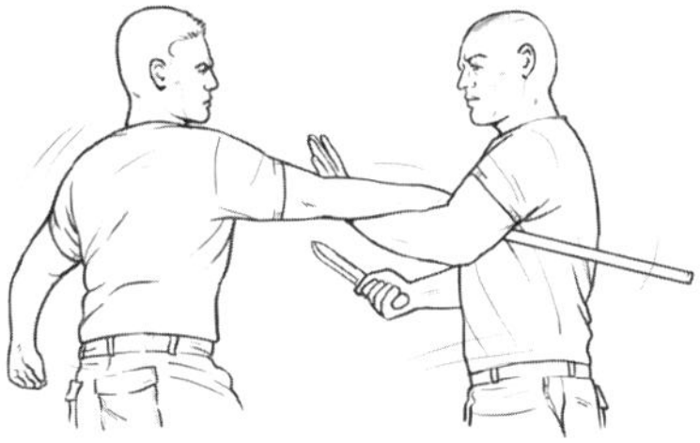

3．あるいは、防御側は腕を相手の棒にからめて動かせないようにする。

4．そして腕を自分のほうに引っ張って、棒を相手の手から「ひきはがす」。同時に、ナイフを突きつけて脅す。

相手の武器を奪う

状況がどう変わるかわからない戦いの最中には、武器を奪うことがよい手だとはかぎらない。奪う必要があれば、フォアハンドの攻撃に対しては体を引いて武器から離れ、相手の武器をもつ腕を掌でとめて防御し、相手の頭や腕にナイフで切りつけるとよい。手早く済ませたければ、首を切ればすぐに決着がつく。

バックハンドの一打がきたら、空いたほうの手で相手の腕をその頭や胸に向かって押しやり妨害する。それから近づき、相手の腕より下を刺す。相手は、腕が邪魔になってナイフが向かってくるのが見えない。武器をもつ腕や武器を握っている手に切りつければ、相手の命にかかわる危険はもっと小さくなる。

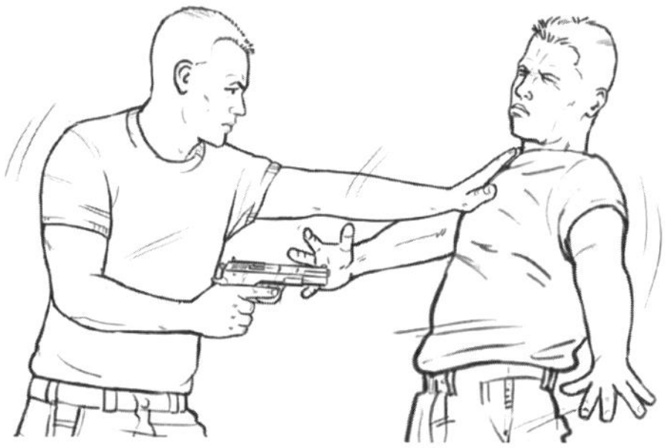

第13章

銃は非常に大きなダメージを簡単に与えることができるが、効果的に用いるためにはある程度の能力が必要だ。

銃で戦う

火器で武装した兵士には、ほかの携帯武器ではできない行動もとれるが、必ずしも無敵なわけではない。銃を使う場合、相手と適度な距離を保つことが必要であり、携帯武器で突進してくる相手に向けて撃っても間に合わず、致命的な攻撃を阻めないこともある。

至近距離でも、銃を取り出しさえすれば撃つことはできる。しかし武器をもっていなくとも、相手の銃か、銃をもつ腕をつかめば、銃をもつ相手を倒すことも可能だ。実際、警官が銃をもつ腕をつかまれ、それを振りほどくのが間に合わなかったために殺害された例もいくつかある。

日常生活で武器を携帯している場合、家族に、自分が武器を携帯していない側を歩くよう教え込み、また、ケンカになったらどうすべか指示しておく人もいる。つまり、射撃のラインからはずれ、遮蔽物を探し、武器を抜いている最中にしがみつかない、といったことを教えるのだ。警官や軍の一部兵士は武器の保持テクニックの訓練も受け、たいていは、つかまれた腕を振りほどき、その相手を押しのけるスキルを学ぶ。

近接した銃撃戦はかなり短時間で終結することが多い。一方があっという間に倒されるか、遮蔽物を探して撤退するのが一般的だ。

警察のヒント――つねに心に留めるべきこと

つねに（そうではないと分かっているとき以外は）、銃はすべて装填され発砲できる状態にあると思え。憶測せずに確認せよ。

ピストルを抜きざまに撃つ

ピストルで射撃を行う場合、両手でもちしっかりとコントロールすることが理想とされる。正しく安定した姿勢をとれば正確な射撃を行えるばかりでなく、敵の攻撃を阻むことにもなる。その構えを見れば、すべきことを理解し、射撃する意思も命中させる能力もあることがわかるからだ。

ピストルを抜くときには、利き足ではないほうの足を前に出し、重心を低くして安定させる。必要であれば利き手ではないほうの手で衣服をはらい、利き手でピストルを握りつつ、利き手ではない手も前に出す。目線上にピストルがきたときに、両手でもつ。利き手ではない手は自分のほうに引くように、利き手は前に押し出すようにしてしっかりと握る。ターゲットに向けて、突き刺すかのようにマズルを押し出す訓練をする人は多い。この姿勢をとると、すぐに撃つことも、抑止力として使うこともできる。移動するか、姿勢

抜き撃ち《ドロー&シュート》

を変えなければならない場合は、できるだけ照準点が動かないように、膝を曲げなるべくなめらかに動く。

至近距離に危険が存在すれば、片手撃ちを行うこともある。この場合は、一方の手を前に押し出して、敵が前に出ようとする動きを牽制し、ピストルは腰よりやや高い位置において敵の手が届かないようにしておく。こうすれば敵はピストルをつかめず、また敵が向かってきて拳や携帯武器で攻撃するのを阻止できる。

まず衣服が邪魔にならないようにもちあげ、ピストルを引き抜く。ピストルを、マズルで突き刺すかのような格好でターゲットに向けて押し出し、両手でピストルをもって構える。

ピストルをつかもうとする相手を阻止する

A

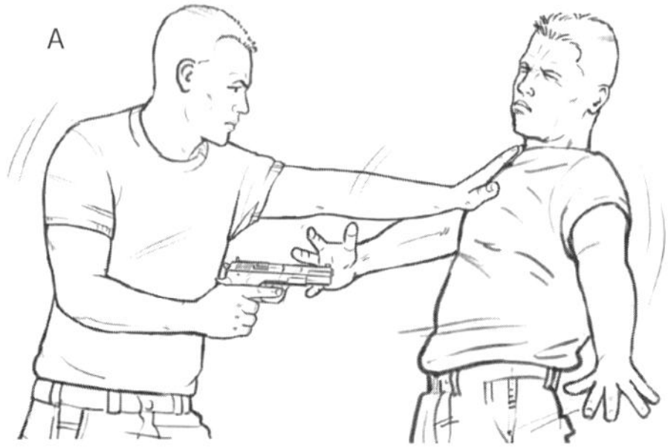

相手がピストルに手を伸ばしてきたら、空いたほうの手で強く押しやる（A）。

B

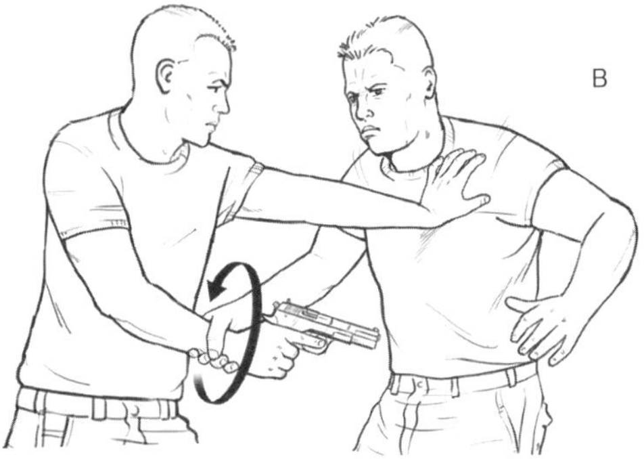

相手がすでにしっかりとつかんでいれば、その手をはずすことが重要だ。一般には、相手を押しやりながら、ピストルをもつほうの腕を勢いよくひねることが必要だ（B）。

C

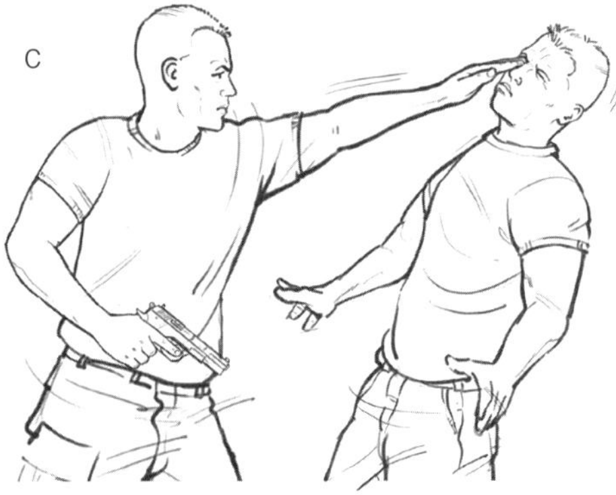

相手がすぐには手を離さなければ、空いたほうの手で殴るのも策だ（C）。素早い動きで力を込めて殴打し、敵のバランスをくずすとよい。

特殊部隊のヒント――しっかりともて！

　ピストルを「ギャング風に」体の横で構えるのは、ピストルが武器ではなく単なるファッションであり、アクセサリー代わりにもっていると白状しているようなものだ。ピストルは正しくもつこと。そうすれば自分の思い通りに使え、保持することもできる。またなにより、ピストルをあぶなっかしく振り回すと、きちんと理解して行動している仲間は不安になってしまう。事態の対処能力に信頼を抱かせる行為でないのは確かだ。

　この構えは建物内を移動するときにも使われることが多い。手を前に出しておけば、人が飛び出し突っ込んでくるのを制することができるし、玄関や角に身をひそめている者がいても、そこを通るときにピストルを手からたたき落とされる危険もない。離れたところに敵が現れたら、ピストルをもつ手を前に出した手まで上げて、基本的な両手撃ちの構えをとる。

武器の保持

　ピストルをもつ相手を倒そうとする場合、たいていは、手首をつかんだり、ピストルを手からもぎ取ったりしようとする。それができる位置まで相手を近づけないことが、一番簡単な対策だ。警官や軍の兵士は、敵と思われる者を近寄らせない訓練を受けているが、それがいつも可能とはかぎらない。

　ピストルをもつ手を相手がつかんだり、手を伸ばしたりしてくれば、空いたほうの手で強く押しやる。相手を押しやり、自分はそれと反対の方向に動けば、つかんだ手は離れる。相手が再度つかもうとしてきたら、前に出した手で制するか、強い口調の命令や、状況によっては撃って阻止することもできる。

　しっかりとつかまれてしまったら、その手を振りほどかなければならない。このときは、相手を押しやりながら、ピストルをもつ腕をきつくひねる場合が多い。手首をつかんだ手をこじ開けるときは、つかまれたまま腕をぐるっと回して相手の握りをゆるめ、腕を引きはがす。

　相手の手をすぐには振りほどけない場合は、空いたほうの手で相手の顔やのどを押しやるか、殴打してもよい。素早く力を込めた一撃を繰り出して相

短機関銃を使う

20メートル以内の短距離であれば、確実に相手を仕留めたい場合には、短機関銃によるフルオート射撃が一番確実だ。

45メートルを超える長距離では、より選別的射撃が可能なセミオート射撃のほうが効果的だ。

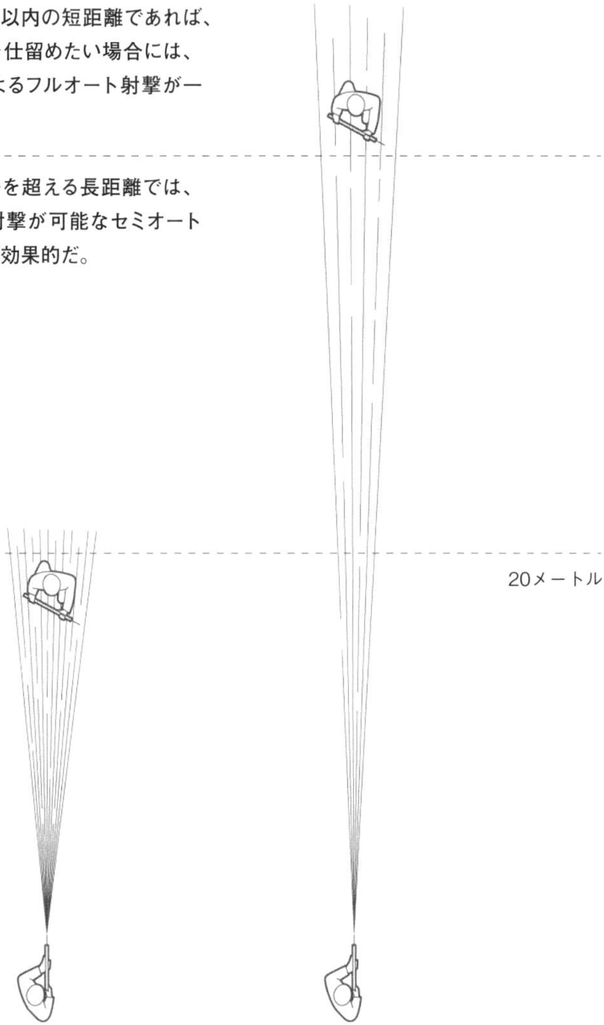

手のバランスをくずし、握りをゆるめることが理想だ。一方だけに同じ調子で引っ張ると反撃を受けやすいが、何度もぐいぐいと動かせば対処するのはずっと難しくなる。相手がピストルをつかんでいる手やその腕を、ゆるめたり滑らせたりするのが狙いだ。これがうまくいけば、ピストルは自由になる。

ピストルを自由にするだけでは十分ではなく、再度つかみにくる相手を妨害できるよう、相手との間合いをとらなければならない。ピストルを振り回したり、ピストルをつかんでいた相手を撃ったりする必要もあるだろう。ピストルを奪おうとする相手がいるときには、どのような場合であれ命にかかわる危険があり、状況に応じた対処をすべきだ。

銃撃されている場合

銃撃戦に共通するルールは、「遮蔽を利用して死傷者を出すな」だが、いつもこれが可能なわけではない。近距離の銃撃戦で生き残るためには、先手をうって、ターゲットに効果的な一撃を放つ能力が重要な要因であることが多い。撃たれれば、ボディアーマーが銃弾を食い止めそれほど重い傷にはならなくとも、射手は照準を合わせられず、混乱状態に陥り守りに入ってしまうだろう。

銃撃を受けつつ正確な射撃を行うことは、緊張しアドレナリンの影響も受けるため、非常に難しい。何発撃ってもほとんど命中しないことなどざらにある。冷静な思考と行動を保てる射手は、銃を続けざまに撃ちまくるだけの者より大きく優位に立つ。

遮蔽物が利用でき、相手との距離がそれほど短くないようなら、遮蔽物を利用した方が賢明だ。すでに述べたように、至近距離では、遮蔽物を探す余裕さえないことがある。この場合は、自分から撃ってあてていくしか防御策はない。とはいえ、しっかりとした遮蔽物（なんでもよいので銃弾をとめる物）が利用できるなら、その背後から射撃を行えば、いくつか利点もある。遮蔽物によって守られるのはもちろんだが、それでいくらか得た安心感がよりどころとなって、慎重で正確な照準が行えるようになる。遮蔽物を銃の架台にでき、それで射撃の精度が増すこともある。

動きと偽装工作

動けば射手は弾にあたりにくくなるが、同じく自分の射撃の精度も低くなる。動きが素早いと、まっすぐ射手に向かっているか、遠ざかっているのでなければ、命中させるのは非常に難しい。偽装工作（なんでもよいので、銃弾を止める力はないが、姿を隠してく

遮蔽物からの射撃

しっかりとした物体や建物は遮蔽物として利用でき、そうすれば銃撃戦での生き残りのチャンスは大きく増す。遮蔽物を利用できれば待ち伏せでも大きな効果を上げることができ、一方が遮蔽物から撃ち、もう一方が開けたところにいれば、戦闘はまったく一方的なものになる。

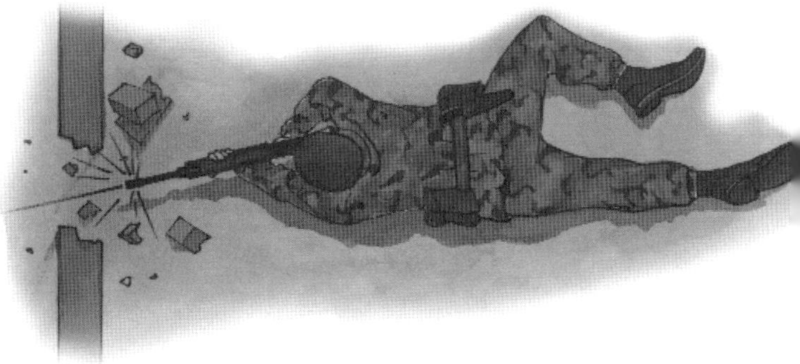

れるもの）は、動きと組み合わせると非常に役に立つ。体全体が隠れてはいなくとも、一部でもいいから相手に見えず、動いていれば、狙うのは難しくなる。敵との接触を断つさいや、もっとよい位置に移動するときには、偽装工作で体全体を隠すとよい。また、動けば、もっとよい位置について相手に集中射撃を行ったり、自分は遮蔽物を最大限活用しつつ、相手の遮蔽物が役に立たないようにしたりすることも可能だ。訓練を積んだ兵士であれば「撃って動く」戦術を用い、一部兵士が敵を射撃するあいだに、ほかの兵士たち

制圧射撃

敵がいると思われるおおよその位置に大量の銃弾を放つ策は、弾の無駄遣いにも思える。だが、敵は銃撃どころではなく、まず遮蔽物に隠れざるを得なくなるため、効果の上がる戦術だ。

がよりよい位置に移動する。

銃撃戦になると、制圧射撃を用いることが多い。これは敵のおおよその位置を狙い、敵を遮蔽物に追い込むか、戦意を喪失させることを大きな目標として行うものだ。頭を遮蔽物の上に出せば命が危ないと思えば、敵銃兵は逃げ去るか、身を伏せたままでいる可能性もある。相手が射撃しないのであれば、部隊がその側面へ移動したり接触を断とうとしたりするときにも、相手は脅威とはならない。制圧射撃によって敵に死傷者が出れば思わぬおまけではあるが、友軍が有利な位置につくチ

敵と距離がある場合は、攪乱射撃を行えば、死傷者は出なくとも敵は自由に移動できなくなる。

ャンスを作ることが、この戦術の第一義だ。

対待ち伏せ訓練でも、集中射撃を用いる。待ち伏せに対しては、敵の居場所だと疑われるところに制圧射撃を行うことが最善策だ。これで敵の一部を遮蔽物の背後に押しとどめ、味方に向けられる射撃の精度と量とを低下させるのだ。こうなると、待ち伏せされた側は攻撃的に動くことが多く、敵の遮蔽物に交互躍進して敵を追いはらうか、倒してしまう。あるいは、激しい援護射撃に守られて敵の居場所に突進することもあるし、勝ち目がないとみれば、退却するか接触を断つ場合もある。

近接戦闘

敵が占拠する建物に突入するさいや市街戦を行う場合は、至近距離での戦闘になることが多い。部屋への突入は、敵が待ち伏せしている可能性があるためとくに危険だ。この危険を最小限に抑えるためには、複数方向からの急襲や、スタン・グレネードなど敵の気をそらす装備を使用する策がある。これは名が示すとおり、大きな音と閃光を発し、部屋にいる者を混乱させたり、意識を失わせたりする。後遺症があるような危険は少ないが、敵がいるエリアに入るときにこれを使えば、敵よりも一瞬ではあるが早く行動することができる。

手榴弾も部屋の掃討には有効だが、友軍や非戦闘員がいる可能性がある場合には使わない。部屋の掃討に使用するとしたら通常は破片手榴弾であり、これは爆発して金属片を外に飛ばす。映画では、手榴弾でスタントマンが宙に飛ばされるシーンも出てくるが、現実には重い刺創を負い、また体がバラバラに飛び散る可能性もある。命を失わず、負傷しなかったとしても、爆発の衝撃による副次的効果は非常に大きい。

この種の接近戦に勝つためのカギを握るのが火力だ。至近距離で戦う部隊が銃剣やライフルの銃床を用いることもなくはないが、自動火器による大量射撃が脅威の解決策である場合が大半だ。何発も命中すれば、敵はほぼ、すぐにも攻撃を止めるだろう。近接射撃の多くは腰だめであり、勝利は、先に武器をターゲットに向けたほうに転がり込むことが多い。

建物間の戦闘

建物の掃討や、建物間で戦闘を行う兵士はチームで行動し、援護しあいながら、建物内を迅速に移動していく。ポイントは、思いもよらない方向から思いもよらないときに、戦いに備えていない敵を攻撃する点だ。圧倒的火力で激しい攻撃を敵に浴びせ、「多く投

姿勢を低く保つ

戦闘部隊は、できるかぎり、地面に近い低い姿勢をとる習慣が身についている。立ち上がるのではなく、伏臥や膝をついた姿勢をとり、土手や地面のくぼみを利用する。こうすれば偽装工作も行え、防御を施し、安定した射撃姿勢もとれる。

部屋の掃討

　建物の掃討は秩序だった手順で行う。小隊がまとまって一定のペースで前進し、部屋を掃討する。

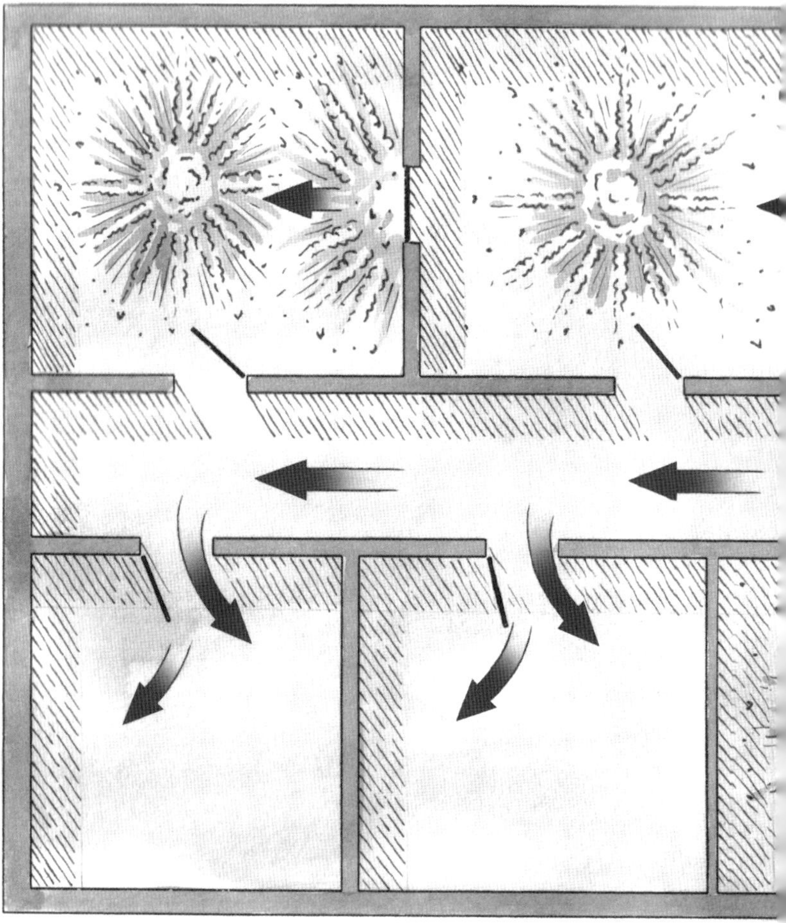

まだ掃討を行っていない部屋の移動は危険が大きい。適切な手順をふんだ掃討によって、見逃した敵が攻撃してくることがないようにする。

SASの小隊

小隊のメンバーはそれぞれ、果たすべき役割と受けもつ範囲が決まっている。自分のなすべきことに集中し、また不測の事態が起こった場合にも、そのエリアを受けもつ仲間が対処してくれるという信頼がある。

特殊部隊のヒント——禁止事項

　撃つ、あるいは負傷させるつもりがない相手には銃を向けない。

　撃つつもりがないなら、トリガーに指をかけない。

　銃による偶発的事故で命を奪う場合もあるが、その原因を作ったのが自分だとしたら、責任があるのは自分であることを忘れてはならない。

入するほど、失うものは少ない」という格言通りに危険に対処するのだ。

　建物内の移動中には、先頭に立つメンバーは、ドアを開ける必要があれば大型銃よりもピストルをもつほうがよい。ピストルは至近距離で使いやすく、ドアを開けながら撃つ必要がある場合には、ライフルなど大半の大型銃とは違い、片手で撃っても効果をあげられる。しかし可能なかぎり、通常はショットガンや自動小銃を使用する。近接戦闘で勝敗を決めるのは火力なのである。

最後に

戦いはすべて、ストレスと恐怖感に満ちている。そしてそこに武器がもち込まれると、深刻な負傷をこうむる危険は大幅に増す。武器で攻撃されると、おじけづき、なにかの背後に隠れ、あるいは腕で頭をかばってうまくやりすごそうとするだけの人が大半だ。こうした行動しかとれない状況もある。しかし概して、ただ「体を丸めて」受け身でいるだけでは、命とりとなりかねない。

「武器を使って争う状況」であっても、現実にはその多くは「戦い」といえるようなものではない。一方が武器をもつことでもう一方が受け身になると、「戦い」とはかなり状況が異なってくる。一方が武器で攻撃し、そのターゲットが無抵抗に身をかばったり、ただ逃げようとしたりするだけであれば、戦いやケンカとはいえない。そうではなく、一方的に殺害しようとしているだけだ。

武器の投入は、そのときの状況しだいで自分に良くも悪くも作用する。ケンカがエスカレートし攻撃側がナイフをもち出すと、状況は一気に深刻の度合いを増す。しかし、そこで防御側がピストルを取り出せば、相手はそれ以上戦おうとしなくなる確率は高い。この場合、火力をもつのは防御側だ。その逆もまたある。攻撃側が火器をもち、防御側にはない状況では、ただ身をすくめるだけの人が多いだろう。しかし、攻撃側の動機が強盗や犯行現場からの逃亡といったものであれば、おそらく、相手にひどいケガを負わせるよりも、目的達成にこだわるだろう。しかしもちろん、必ずそうだとはいえない。

反撃する

武器をもっていないか、武器を奪われたときに、武器に飛びかかるのは最悪のシナリオだが、ときにはほかにうまい手がない場合もある。ナイフや棒で攻撃され、なにもしないでいると、よくても重傷を負う。反撃すればリスクは大きいが、生き残るチャンスはできる。どれほど状況が悪くとも、まだ戦いを続けられるなら、チャンスはある。身体面だけでなく、気持ちのうえでもそうだ。武器を見ると、実際には十分勝つだけの体力はあるのに、戦意喪失して戦いから脱落してしまう人は多い。

銃弾があたりを飛び交っているときには、遮蔽物に隠れ続けるか、少なくとも地面に低く身を伏せておくことは理に適っているが、そこにじっとしていることがよいかどうかはわからない。武装戦で無抵抗になると、敵に主導権を握らせてしまい、狙い撃ちされたり、

緊張下でも冷静に

適切な訓練を積んだ兵士は、途方もないプレッシャー下にあっても、合理的判断ができる。瞬時に状況判断をし、効果的対応を計画する能力は、どのような武器や装備よりもずっと重要な要素だ。

激しい反撃

軍の近接戦闘のシステムでは、武術で繰り出すような複雑なタイプの殴打よりも、至近距離からひじ打ちを用いることが非常に多い。接近戦で使えるのは、せいぜい手早く、裏をかくような策だが、敵が武器を手にしている場合には、早急に制することが不可欠だ。

相手の思うままに殺害されたりする危険がある。

自分以外の兵士や部隊がさかんに抵抗すれば攻撃側の注意の大半はそちらに向き、抵抗側が勝てば、それで万事うまくいく。また、敵に遂行すべき任務があり、遂行後に撤退するのであれば、戦闘と距離をおいていれば安全だ。しかし、友軍がつねに勝つとはかぎらず、ときには敵が、任務中に偶発的に生じた戦闘を行っているのではなく、殺害を目的としていることもある。この場合の無抵抗は、避けられない結果を先延ばしすることでしかない。

このため、遮蔽物を利用し、身を伏せるか隠れるといった策を積極的に取り入れるべきだ。そして、手にあまる事態にパニックに陥ったためにそうするのではなく、生き残るための戦術とすべきである。できれば、敵の人数や武器や、あらゆる逃走経路や援護が間に合う可能性など、状況を評価し、その情報に基づいて計画を立てるのが最善の策だ。

計画立案と行動

計画を作成したら、断固として躊躇なく実行しなければならないが、必ずしも、すぐに、あわてて行う必要はない。戦いにくわわったり、逃走したりするタイミングが生死を分けることもある。直接攻撃を受けていれば、それに対処しなければならないし、つぎからつぎへと危機に見舞われるような状況では、急きょ戦術的決断を下すべき場合もある。こうした状況では、受けた訓練と当事者の性格によって対応は異なる。

武器を振るわれたときに、傍から見れば理解不能な行動をとる人もいる。危険な状況にあるのに、自分を助けにきてくれた人を責め立て、ろくでなしだとののしるような場合が現実にはあるのだ。こうした態度をとるのは、現状が自分の手にあまるもので、なぜそうした苦境に見舞われるのか、だれかを責めずにはいられないからだ。脅され攻撃されて、暴力を振るわれようとしているので、それに対する怒りをだ

背後からピストルを突きつける

背後から武器を突きつける行為は、武器の位置を教えているのと同じだ。武器を突きつけられた者が振り向きざまに武器を脇にはらおうと思えば、この情報は有利に使える。だが武器をはらうのに失敗すれば、命とりになることもある。

れでもいいので、ぶつけられる相手に向けてしまうのである。それが、自分のために身を危険にさらしている人であってもだ。

あるいは、パニックに陥ったり、そうなる原因となった（あるいは止めるのに失敗した）人相手に、訴えるぞと的外れの脅しを行ったり、これくらいのことしかできないのかと仲間を責め立てたりする。繰り返すが、こうした反応をとってしまうのは、自分には手に負えず、まったく対処できない状況だからである。

緊張下での戦い

こうした反応をしたところで役に立つことはなく、その事態をどうにか打開しようとする仲間の邪魔になるだけだ。また、人によっては、なにかを目にしてパニックに陥ったり、見たものの解釈を誤ったりすることもあれば、仲間を手伝おうとして、逆に事態をずっと悪化させてしまう場合もある。著者が自分の教室で教えている訓練のひとつに「仲間を邪魔する訓練」というものがある。つまり、「仲間が邪魔して」自分をつかみ、戦いから無理やり引き離そうとする状況に対処しなければならない訓練だ。

この訓練は、厄介ごとに巻き込まれた場合や、事態をよくのみこめていない人物が邪魔になっているという状況を想定している。たとえば、自分のパートナーを妨害しようとする者がいるという設定では、ひとりが攻撃中に、ひとりはパートナーをつかんで引きずり出して手足を動かせないようにしておく。あるいは、本物の悪党が今にも撃とうとしているのに、生徒が自分の武器に手を伸ばすのを見た第三者が、生徒を攻撃者だと思い込む、という設定もある。

訓練は通常はごく簡単なものを基本としている。たとえば、練習ミットに打撃を繰り出したり、明らかに本当の危険に気づいていない「仲間が」妨害ばかりして「邪魔になって」いるときに、どうにかして武器を取り出したりする訓練をする。（少なくとも訓練では）仲間を撃ったり殴ったりするのは認められない。生徒は自身で事態を打開し、善意から出た妨害があったとしても、その事態に対処しなければならない。この訓練を行えば心身ともに鍛えられ、決して明瞭ではない状況において、ストレス下にあっても理性的対応をできる力を身につけることができる。

こうした訓練では、武器使用のスキルだけを学ぶのではない。生徒は極限の緊張状態で戦術的判断をくだし、明らかに自分にとって最高とはいえない環境下で、武器の有無にかかわらず戦闘テクニックを用いなければならない。

こうした精神的な備えが武装戦に対しては不可欠だ。実際の戦いでは、最適な環境など望めないからだ。

迅速に行動する

つきつめれば、武装戦に勝つためのポイントも、これ以外の戦いと同じだ。リスクを承知で行動し、それが現実であることを受け入れ、その事態を打開しなければならない。恐怖は脇において、その場で必要なことを実行する。そして状況の変化に応じて最後まで理性的に判断しなければならない。事態の悪化に伴い、突破と逃亡の判断をすることもあれば、理想的判断ではなくとも、好機を逃さず攻撃する、あるいは、必要であれば「撃たないこと」を決断する場合もある。

すでに述べたように、まだ決着がついていないのなら、勝つチャンスはある。だから、戦意を失わず、好機が訪れたら行動に出る気持ちを持続させることがなにより大事なのである。

武器をコントロールする

防御側にとって、武器のコントロールはつねに不可欠だが、それはほんの1歩動けばできることでもある。掌であごに打撃を見舞えばノックアウトできるし、相手が意識を失えば、即、武器のコントロールができる。

緊張下で戦う

しっかりとした遮蔽物から開けたところにいるターゲットを射撃できれば、願ってもない理想的な状況だ。正確な射撃もかなり容易に行える。

しかし自分の陣地に向かって敵が制圧射撃をはじめると、緊張は増し、正確な射撃も難しくなる。マガジンの交換といった簡単な作業でも、戦闘の緊張下では手早く行えないこともある。こうした作業を無意識に行えるように、訓練をただひたすらくり返しておくことが、唯一の解決策だ。

用語集

鋭器損傷：武器には、ターゲットを切ったり刺したりすることで負傷させるタイプのものがあり、組織の断裂と大量出血をもたらす。鋭器や尖端をもつ武器は素早く動かなくとも相手を損傷させることができる。棒類は振り回す必要があるが、ナイフはターゲットに向けて押し出すか、刃をあてて引くだけでよい。このため、刺したり切ったりするツールは接近戦では非常に危険であり、白兵戦ではこれらを使わせないようにすることが不可欠だ。

オフィサー・セイフティ：負傷しないことを目的とした身体テクニックを言う警察用語。体を動かすテクニックもあり、拘束や抑制にも使える。その他、脅威の評価といったものがあり、体は使わないが、これをもとに警官は状況への対処を判断する。オフィサー・セイフティの訓練では、通常は武器保持のテクニックも行われる。

近接攻撃：軍の戦術であり、近距離から敵部隊や陣地を攻撃することを言う。強力な自動銃がこの攻撃にはよく使用される。白兵戦となる可能性もあるが、できるかぎり、火器や手榴弾を用いて攻撃する。

近接戦闘（CQB）：近接した位置で起こる戦闘をいう軍事用語。防御陣地や市街地など近接したエリアで行われる。CQBは至近距離において激しい戦闘が行われる点を特徴とし、武器保持と徒手格闘のスキルを必要とする。

組みつき：レスリングのように互いにつかみあって戦う状況。徒手格闘戦では、少なくともなんらかの形で組みついて戦うことが大半だが、スキルのある者は、接近戦では組みつきだけでなく打撃もうまく使うことができる。

軽機関銃：分隊支援武器として使用されることが多く、本来は歩兵小隊に予備の火力を提供する銃だ。アサルトライフルよりはるかに重いというわけではないが、ある程度の重さがあるため、接近戦での使用は難しいだろう。だが通常は銃弾を多数携帯する。重い機関銃はこれよりもっとかさばり、たとえば機関銃陣地が敵に襲撃されるような接近戦ではあまり役に立たない。

拘束と抑制：法執行機関や治安作戦に従事する兵士が用いる、容疑者の身柄拘束に関するテクニック。拘束と抑制（コントロールと抑制ということもある）のテクニックは、できるかぎり負傷させないことを意図したものではあるが、被疑者をコントロールできる体勢にもち込むために苦痛を与えて従わせることもある。

個人防御火器：PDW と言われるもので、名が示すとおり防御用の武器である。デザインはさまざまだが、小型の武器に大きな火力をもたせている点は共通する。短機関銃に似ているため大型銃とみなされるものもあるが、アサルトライフルにくらべると小型で軽い。一般的なピストルのサイズと大きくは違わないものもある。PDW は「戦場」向けの武器として製造されたものではなく、一般に、敵との直接戦闘がそのおもな役割ではない兵士の、バックアップや緊急用のシステムとして支給されている。

サイドアーム：比較的小型の携帯しやすい武器。過去には、さまざまなタイプの剣や短剣も使われたが、現代においては、通常はピストルや小型の短機関銃を言う。サイドアームはショルダーホルスターやベルトホルスターで携帯するのが一般的で、秘匿携帯もかなり容易である。

銃撃戦：ふたつの部隊が銃撃を交わすこと。なかなか決着がつかず、大量の銃弾を費やしても、あたる確率はかなり低い。一方の兵士が勝てる見込みがないことを認識したために、銃撃をやめる場合が多い。

ショットガン：ペレットの集まりや、ときには催涙弾など特殊弾を発射する。戦闘用にはセミオートマティックのものもあるが、それ以外はポンプアクション式のショットガンで、1 発撃つたびに手動操作が必要だ。ショットガンは装填に時間がかかるが、治安任務では有効な場面も多い。このため、おもに法執行官や軍の治安チームに使われる。ショットガンは一般に頑丈であり、接近戦用の火器としてすぐれている。

セミオートマティック：セミオートマティックの銃はトリガーを引くごとに１発発射し、内蔵式、あるいは脱着式マガジンから自動で再装填する。

即席の武器：武器としての使用を目的としてはいないが、武器に利用できる物。鋭利な物は切りつけたり突いたりするのに使え、ナイフと同じテクニックで戦える。また鈍器の多くは、攻撃も、これに対する防御も、警棒類と使い方は同じだ。重い鈍器はあつかいづらいが、敵がすぐそばにいるなら投げつけることもできるし、頭上にもち上げてターゲットに振り下ろしてもよい。

短機関銃：短機関銃には一般にふたつのタイプがある。まず、ライフルに似て、効果的に使用するには両手でもつことが必要なタイプ。もうひとつは、非常に小型で、ピストルとたいして大きさが違わず、サイドアームとしてホルスターでの携帯が可能なタイプだ。どちらのタイプもセミオートマティックかフルオートマティックの射撃が可能であり、バースト射撃ができるものもある。短機関銃は軽くて短く、携帯が容易であり、近接戦闘に有効だ。大半は警棒代わりの使用にはあまり適していない。

長銃《ロングアーム》：通常は両手で使用する必要がある大型の銃を言う。ショットガンや短機関銃、ライフル、軽機関銃や分隊支援火器などがそうだ。戦闘を行うことが予想される軍の兵士や警官は通常はなんらかの大型銃を携帯し、おそらく、ピストルや戦闘用ナイフや、警棒その他のサイドアームももつ。近接戦闘に突入すると両手はふさがるだろうが、大半の大型銃は白兵戦でも利用法があるので、不便さは補える。

突入チーム：武装した敵がたてこもる建物に突入する治安部隊や警察、軍の特殊チーム。可能であれば容疑者を拘束しようとするが、抵抗した場合に備え、火力や徒手格闘のスキルを用いて相手を倒す訓練を受けている。犯人が武装し、さらに人質と見分けがつきにくい状況で人質救出を行うなど、突入チームは非常に困難な環境で任務を遂行しなければならないことが多い。

鈍力による損傷：鈍力で損傷を与える武器は、重さがあり、迅速な攻撃による衝撃で骨を折ったり組織を破断させたりするもので、切ったり刺したりする能力はあまりない。鈍力はとくに頭部に向けると危険だが、柔軟な材質のもので衝撃を吸収することも可能だ。このため、厚い革ジャケットは、ナイフの突きにはほとんど防御の役割ははたさなくても、棒による打撃はある程度やわらげる。逆に、ナイフや銃弾から身を守ってくれるタイプのボディアーマーでも、こん棒やキックや、ライフルの銃床を使った一撃に対してはあまり役に立たないものもある。

ナイフ：ナイフはおそらく今日、世界でもっとも一般的な武器だろう。オーダーメイドの戦闘用ナイフや銃剣、キッチンナイフ、作業用ナイフまでさまざまな種類のものを、必要に応じて使える。ナイフの大半は切るか刺すことを目的として作られているが、どちらにも同じように使えるタイプもある。ナイフは隠すのが簡単で使うのに訓練もさほど必要ではない。ナイフ類のような刃物には大型の武器もあり、なかでもなたは、木を削ぐための重い刃をもち非常に大きい。世界には、なたが必需品で多くの人が日常的に携帯している地域もあるが、ごく一般的な都市部の通りでなたをもてば、ほぼ間違いなく武器とみなされる。

ナイフを用いた戦い：ナイフでの戦いにはいくつかスタイルがあるが、ナイフ対ナイフでくんずほぐれつの戦いになることはかなりまれだ。ナイフを使用する場合、相手は武器をもっていなかったり、まったく別のタイプの武器をもっていたりと、同じ条件ではないことが大半だ。また実際に「ナイフを戦いに使う者」の多くは、不意打ちで殺害したり負傷させたりするスキルを身につけており、ナイフを使っておおっぴらに戦うことは少ない。ナイフをもち出す場合は、「ナイフで戦う」というより暗殺と言ったほうがよく、またナイフのテクニックの多くはシンプルで基本的なものだ。

白兵戦：ごく接近しており、打撃を見舞ったり組みついたりして戦う状況。至近距離でも火器を使用することはあるが、突進してくる敵に向けて撃ったり、あるいは乱戦のさなかに、友軍や非戦闘員を撃つ危険がある状況で射撃したりするのは難しい場合が多い。白兵戦で火器を使用するときは、多くは、銃床で殴打したり、銃剣を装着して突いたり、敵の打撃をブロックしたりするのに利用する。

汎用機関銃：汎用機関銃（GPMG）はアサルトライフルよりも大口径の銃弾を使用し、ほとんどはベルト式給弾だ。クイックチェンジバレルのシステムを有し、射撃を続けてバレルが熱をもっても、これとは別に冷たい状態のバレルを利用できる。この結果、機関銃はアサルトライフルよりも射程が長く、威力も強くなり、火力の維持ははるかにすぐれている。GPMG は軽機関銃よりも重く、銃弾もまた重いため、携帯性は劣る。このため、歩兵小隊では軽支援火器も用い、GPMG は車両に搭載するか、設営した陣地からの任務で使用する軍が多い。

ピストル：小型の火器でおもにサイドアームとしての使用を目的としたもの。警官や軍の兵士の大半はセミオートマティック（セルフローディング）のピストルを使用しており、このタイプは装填数が多く、脱着式マガジンを使って迅速な再装填が可能だ。脱着タイプではないシリンダーに、通常は6発を装填するリボルバーを使用する兵士もいる。リボルバーは装填数が多くはなく、再装填にも時間がかかるため、一部の警察や民間の警備組織以外ではあまり使われない。ピストルは速射が可能で、トリガーを引くごとに1発発射する。射撃の精度を確保するため通常は両手でもつが、片手での射撃も可能だ。片手でもてば、至近距離ではもう一方の手で相手を押しやって射撃することもできる。

武器の保持：接近戦において武器をつねにコントロールしておくテクニック。二義的ではあるが、武器を使用するスペースを作ることも重要だ。従来、多くの軍では武器保持のスキルが重視されてこなかったが、武器を携帯して任務に派遣される場合は、武器を保持し、それを接近戦や生命にかかわる状況で使用できるよう訓練することが必要だと考えられるようになっている。

フルオートマティック：フルオートマティックの銃はマガジンやベルトから自動で発射、再装填を行い、また弾がありトリガーを引いているかぎり、この動作を続ける。このタイプの銃による攻撃は弾の無駄遣いになる場合もあるが、近距離では、ターゲットに弾を浴びせるため非常に致死性が高い。自動火器のなかには、フルオートマティックに代え「バースト射撃」モードを使えるものもあり、トリガーを引くたびに一定数の（通常は3発）弾を発射する。大半の自動火器にはセレクターがついており、セミオートマティックとフルオートマティックの選択が可能だ。

分隊：軍の兵士はチームとして作戦行動をとるよう訓練されており、そのチームが集まり、もっと大規模なチームを作っている。軍隊の別によって最小チームの名は異なり、班や分隊などと呼ばれる。歩兵分隊と、同じ人数の民間人の集まりとでは、大きく異なる点がある。分隊のメンバーは連携行動の訓練を行い、チームとしてはるかに効率的に動く。これに対し、民兵や武装集団や民間人は、共通の目的をもった数人が集まって行動するにすぎないことが多い。

分隊支援火器：分隊支援火器（SSW）は通常は、大きさや重さ、火力が、汎用機関銃とアサルトライフルの中間程度のものだ。軽機関銃もSSWに分類され、ほかには、アサルトライフルのデザインをベースとし、火力持続力には劣るが、分隊のほかの火器とマガジンを共有できるものもある。SSWの役割は歩兵部隊の火力を増すことにあり、多くの軍隊で、歩兵分隊にはつねに1台は備える原則である。

棒術：棒を拾い上げて振り回すことはだれにでもできる。これにはスキルはほとんど必要ない。しかし、棒による戦いにはさまざまなスタイルがあり、非常に複雑なものもある。概して、武術の棒術は棒対棒の戦いを想定したものが多く、打撃とかわしを行い、フェンシングの試合とよく似ている。軍や法執行機関の棒術訓練はもっとシンプルで、強打を見舞うことに重点をおき、さらに、ブロックを数種類と、警棒を使ったコントロールと抑制のテクニックを教えることが多い。

ボディアーマー：さまざまな危険から体を守るための装備。最高品質の軍用アーマーは大型で重く、一定の角度ではライフルの弾さえも止める。軽いアーマーでも、手榴弾の破片やピストルの弾といった軽いものに対しては効果がある。完璧な「防弾チョッキ」といえるものはなく、頑丈なアーマーにも弱点はある。だが、銃弾やナイフにそれぞれ対応したアーマーがある。こうしたベスト型のアーマーには衣服の下に着用できるほど軽いものもあるが、それでも多くの危険に対して十分防御力を発揮する。

ライフル：アサルトライフルはもっとも一般的な軍用大型銃だ。軽くあつかいが簡単で、接近戦では銃剣の装着も可能だ。大半のアサルトライフルはフルオートマティックであり、バースト射撃機能をもつものや、これに切り替え可能な機種もある。大口径の（より強力な）ライフルは通常は狙撃用の銃として使われ、銃剣の装着ができるものはあまりない。ライフルの大半は、銃床で殴打し、近接戦闘用の武器としても使える。

索引

＊イタリックは図版ページをさす。

◆著者略歴◆
マーティン・J・ドハティ（Martin J. Dougherty）
軍事や護身術を専門とするフリーランスのライター。著書に、『図説古代の武器・防具・戦術百科』（原書房）、「SAS and Elite Forces Guide: Extreme Unarmed Combat」、「SAS and Elite Forces Guide: Sniper and Small Arms: From the Civil War to the Present Day」などがある。

◆訳者略歴◆
坂崎竜（さかさき・りゅう）
北九州市立大学外国語学部卒。訳書に、クリス・マクナブ『図説SAS・精鋭部隊ミリタリーサバイバル・ハンドブック』（三交社）、マーティン・J・ドハティ『SAS・特殊部隊式図解徒手格闘術マニュアル』、『SAS・特殊部隊図解実戦狙撃手マニュアル』（以上、原書房）などがある。

SAS・特殊《とくしゅ》部《ぶ》隊式《たいしき》
図《ず》解実戦《かいじっせん》武《ぶ》器《き》格闘術《かくとうじゅつ》マニュアル

●

2014年3月10日　第1刷

著者………マーティン・J・ドハティ
訳者………坂崎《さかさき》竜《りゅう》
装幀者………川島進（スタジオ・ギブ）
本文組版・印刷………株式会社精興社
カバー印刷………株式会社精興社
製本………東京美術紙工協業組合

発行者………成瀬雅人
発行所………株式会社原書房
〒160-0022　東京都新宿区新宿1-25-13
電話・代表03(3354)0685
http://www.harashobo.co.jp
振替・00150-6-151594
ISBN978-4-562-05051-2